蒋勋

云淡风轻

蒋勋谈东方美学

湖南美术出版社

全国百佳图书出版单位

博集天卷
CS-BOOKY

云淡风轻

岁月像一条长河，不同年龄，经历不同的阶段，在不同的流域，看到不同的风景。

　　大河的源头常常在众山环抱的高处，云烟缭绕，也许只是不起眼的涓涓细流，或一泓飞瀑。往往没有人会想到，这样的小水，有朝一日，可以流成远方一条波涛汹涌的宽阔大河。

　　从新店溪上溯到北势溪、青潭、鹭鸶潭，青少年时是我常去露营的所在。青山绿水，云岚来去，没有都市污染，水潭清澈见底，潭底游鱼石粒都历历可见。当时来往碧潭一带，虽有吊桥，两岸还常靠手摇舢板渡船往来，船夫戴着斗笠，烈日下，风雨中，赚一点小钱，摆渡过客。

　　我的童年是在大龙峒长大的。大龙峒是基隆河汇入淡水河的地区。基隆河在东，淡水河在西，清晨往圆山方向走，黎明旭日，可以听到动物园里狮子、老虎吼叫的回音。黄昏时，追着落日，过了觉修宫，就跑到淡水河边。坐在河边看落日，看台风过后滚滚浊流，浪涛里浮沉着死去的猪的尸体、冬瓜或女人的鞋子。

　　大龙峒、大稻埕一带都是我童年玩耍的区域：圆环的小吃，延平北路光鲜灿烂的金铺，演日本电影的第一剧场，大桥头戏院前挤满闲杂人等，等着散戏前五分钟看戏尾，桥头蹲着初来台北打零工的人。

那是淡水河的中游地带吧，在南端上游的万华淤浅后，载运货物的船只便聚集在中游河岸这一带，形成迪化街商铺林立的繁荣。

一直到我二十五岁离开，我所有重要的记忆，都与这条河流的中游风景有关。当时没有想到有一天自己会住到这条河流的河口八里，大河就要出海了。

和基隆河汇合之后，淡水河真有大河的气势了。浩浩荡荡，在观音山和大屯山系之间蜿蜒徘徊，仿佛有许多彷徨不舍。但一旦过了关渡，这条大河似乎知道前面就是出海口了，一路笔直向北，决绝澎湃，对遥远高山上的源头也无留恋挂牵。

这就是我过中年后日日在窗口阅读的风景。潮汐来去，日出日落，有时惊涛骇浪，风狂雨骤，有时风平浪静，云淡风轻。

云淡风轻，像是说风景，当然也是心事。

以前有人要题词，不知道写什么好，就常常用"来日方长"。"来日方长"很中性，岁月悠悠，有花开，有花谢，没有意图一定是什么样的"来日"。我喜欢"方长"两个字，像是汉朝人喜欢用的"未央"，真好，还没到中央巅峰，所以并不紧迫，还有时间上的余裕。像在众山间看到涓涓细流，来日方长，真心祝愿它从此流成一条大河。

有一段时间也喜欢写"天长地久"。这是老子的句子，使人领悟生命只是一瞬，然而"天长地久"，慢慢懂喜悦，也慢慢懂哀伤。

喜悦与哀伤过后，大概就是云淡风轻吧。云淡风轻好像是河口的风景，大河就要入海，一心告别，无有挂碍。

我喜欢庄子写一条大河到了河口的故事。原来很自满自大的大河，宽阔汹涌，觉得自己在世间无与伦比。但是有一天大河要出海了，它吓了一跳，面前是更宽广更汹涌的海洋，无边无际。

这是成语"望洋兴叹"的典故出处。骄傲自负的大河，望着面前的海洋，长长叹了一口气。庄子爱自然，在浩大无穷尽的自然中，可能领悟到自己的存在多么渺小吧。

我因此爱上了河口，可以在这个年纪，坐在窗口，眺望一条大河入海，知道它如何从涓涓细流一路而来，上游、中游，有浅滩、有激流，有荒凉、有繁华，有喜悦、有哀伤，一段一段，像东方的长卷绘画。

当生命可以前瞻，也可以回顾的时候，也许就懂了云淡风轻的意思了吧。

东方有古老的记忆，历史够久，文明也就像一条长河，有各个不同阶段的风景，很难只截取片段以偏概全。

宋元的长卷绘画因此成为独特的美学形式，近几年我谈诗词，谈绘画，大概是在思索东方美学的特殊意义，留白、长卷、水墨、跋尾，连续不断的

天長地久
二〇八 蔣勳

蔣勳《天长地久》
（谷公馆提供）

历朝历代的收藏印记。东方美学其实是生命的领悟，领悟能够永续，才是来日方长，领悟能够传承，才是天长地久。东方美学是在漫长的岁月里领悟了时间的意义，领悟了生命是一个圆，周而复始。

初搬来河口，还没有关渡大桥。下班回家，坐一段火车，在竹围下车，右岸许厝到八里张厝，有一小小渡船，每天便乘渡船过河回家。船夫摇桨话家常，船头立着鹭鸶。河口风景气象万千，我享受了好几年，大桥一盖，船渡就废了。我的窗口紧临河岸，可以听潮声，听到潮水来了，奔腾如万马啸叫。月圆大潮时节也可以听到海河对话，骚动激昂，有时还是难以自抑。

但是在河口住久了，静下来时会听到退潮的声音，那是"汐"的声音吗？在沙岸隙缝软泥间慢慢退去，那么安静，无声无息。

然而我听到了，仿佛是听到生命退逝的声音，这样从容，这样不惊扰。此时此刻，仿佛听到大河心事，因此常常放下手中的书，走到窗口，静听汐止于水。

云淡风轻，觉得该遗忘的都要遗忘，该放手的都要放手。

从小记忆力很好，没有 3C 手机前，朋友的电话号码都在脑中。很自豪的记忆，现在却很想遗忘。记忆是一种能力，遗忘会不会是另一种能力？

庄子哲学的"忘"，此刻我多么向往。

蒋勋《淡水河》
（谷公馆提供）

在许多朋友谈论失智失忆的恐惧时，也许我竟渴望着一种失智失忆的快乐。忘掉许多该忘掉的事，忘掉许多该忘掉的人。有一天，对面相见，不知道是曾经认识交往过的人，不再是朋友，不再是亲人，人生路上，无情之游，会不会是另一种解脱？

我的朋友常常觉得哀伤，因为回到家，老年的父亲母亲失智失忆了，总是客气有礼，含笑询问："这位先生要喝茶吗？"不再认识儿子，不再认识自己最亲的人了，许多朋友为此痛苦，但老人只是淡淡笑着，彬彬有礼。

痛苦的永远是还有记忆的人吗？

我竟向往那样失智失忆的境界吗？像一种留白，像听着涨潮退潮，心中无有概念，无有悲喜。

东坡晚年流放途中常常写四个字——"多难畏人"或"多难畏事"。我没有东坡多难，但也是害怕"人"，害怕"事"。

"人多""事多"都是牵挂纠缠，有挂碍缠缚，都难云淡风轻。

在大河岸边行走，知道这条大河其实不算大，没有恒河宽阔包容生死，没有黄河浩荡沧桑看多少兴亡，没有尼罗河源远流长，许多文明还没开始，它已经早早过了帝国的繁华巅峰。

但这是我从上游到河口都走过的一条河，在接近失智失忆的喜悦时，走在陌生人间，含笑点头，招呼说好，或回首挥别，叮咛珍重，嗔爱都无，云淡风轻，记忆的都要一一遗忘，一一告别。

二〇一八年九月四日　即将白露

目 录 Contents

天地有大美

文人·诗书画·长卷

文人

中国传统里有一个特殊的词——"文人"。

"文人"这个词用西方语言来理解，并没有很准确的翻译。

我常常想："文人"如何定义？

有人译为"学者"，但是，"文人"并不只是"学者"。"学者"听起来有点太古板严肃。"学者"案牍劳形，皓首穷经，注疏考证，引经据典。"文人"却常常优游于山水间，"渔樵于江渚之上"，必要时砍柴、打鱼都可以干，"侣鱼虾而友麋鹿"，似乎比"学者"更多一点随性与自在，更多一点回到真实生活的悠闲吧。

好像还有人把"文人"译为"知识分子"。"知识分子"也有点太严重紧张了，而且有点无趣，让人想到总是板着脸的大学教授，批判东批判西，眼下没有人懂他存在的"生命意义"，常常觉得时代欠他甚多。

"知识分子"未必懂"文人"，"文人"不会那么自以为是，"文人"要的只是"江上之清风""山间之明月"。

"与谁同坐？明月、清风、我"——苏州拙政园还有一个小小空间，叫作"与谁同坐轩"。很自负，也很孤独。不懂清风明月，可以是"知识分子"，但不会是"文人"。

确切地说，"文人"究竟如何定义？

与其"定义"，不如找几个毋庸置疑的真实"文人"来实际观察吧。

陶渊明是"文人"，王维是"文人"，苏东坡是"文人"，从魏晋，经过唐，到宋代，他们读书、写诗、画画，但是或许更重要的是他们热爱生活，优游山水。

他们都做过官，但有所为，也有所不为。他们在朝从政，兴

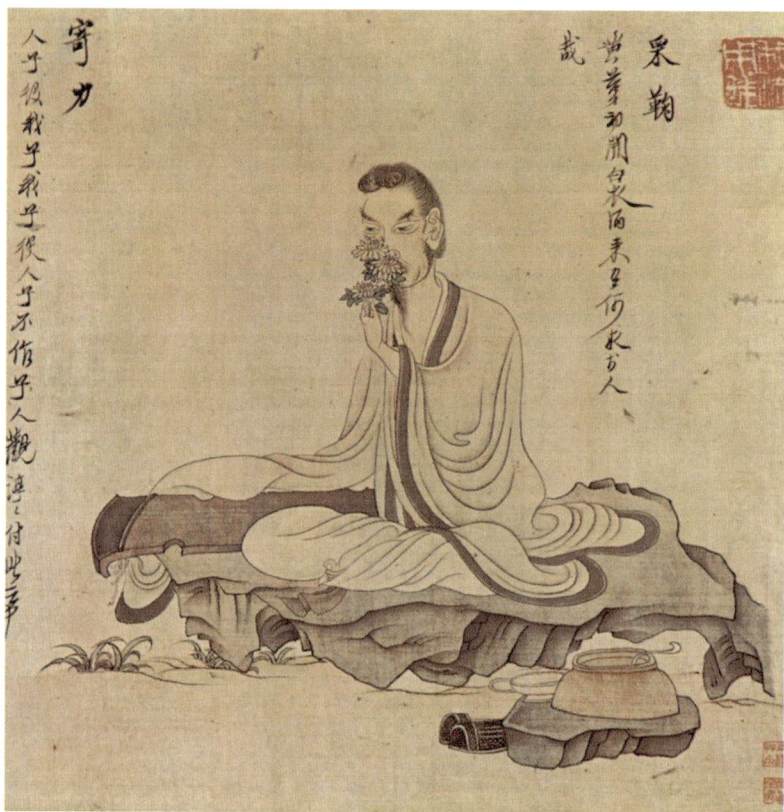

利除弊，但事不可为，也可以拒绝政治，高唱："归去来兮，田园将芜胡不归？"天涯海角，他们总是心系着故乡那一方小小的田园。

他们爱读书，或许手不释卷，但也敢大胆说："好读书，不求甚解。"这是抄经摘史"博士"类的"知识分子"绝不敢说的吧。

他们不肯同流合污，因此常常是政治上的失败者，却或许庆幸因此可以从污杂人群的喧嚣中出走，走向山林，找回了自己。

"行到水穷处，坐看云起时"，他们失意、落魄（坐牢），在小人的陷害里饱受凌辱压迫，九死一生。如果还幸存，走到自然山水中，天地有大美，行走到了生命的穷绝之处，坐下来，静静看着一片一片升起的山间云岚。

这是"文人"，他们常常并不是进行琐碎、故弄玄虚的知识论辩，而是观想"水穷""云起"，懂得了放下。"水穷""云起"都是文人的功课。

他们在生命孤绝之处，跟月光对话，跟最深最孤独的自己对话："我欲乘风归去。"天地有大美，世界一定有美好和光明可以回去的地方吧。

他们写诗，画画，留下诗句、手帖、墨迹，但多半并不刻意而为。写诗、画画，或者弹琴，可有可无，没有想什么"表演""传世"的念头。

陶渊明有一张素琴，无弦无徽，但他酒酣后常常抚琴自娱，他说："但识琴中趣，何劳弦上声。"天地有大美，声音无所不在，风动竹篁，水流激溅，听风听雨，听大地在春天醒来的呼吸，不必劳动手指和琴弦。

这是"文人"。学者、知识分子都难有此领悟，都难有此彻底的豁达。

"奉橘三百枚，霜未降，未可多得。"王羲之这十二个字，称为"手帖"，成为后世尊奉的墨宝，一千多年来书法学习者亦步亦趋，一次一次地临摹，上面大大小小都是帝王将相的传世印记。然而"文人"之初，不过是一张随手写的字条，送三百个橘子，怕朋友不识货，提醒是霜前所摘，如此而已。

寥寥十二个字，像"指月""传灯"，有"文人"心心相印的生命记忆。太过计较，亦步亦趋，可能愈走愈远，落入匠气，

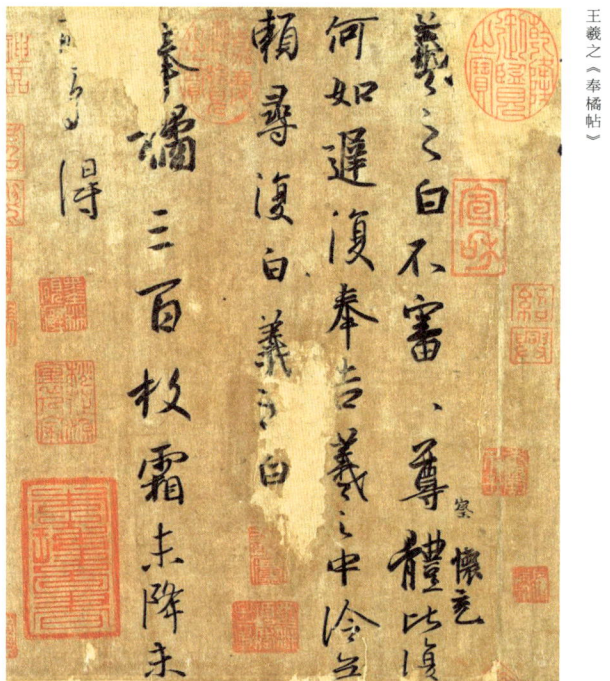

王羲之《奉橘帖》

也难懂"文人"随性创造的初衷吧。

"文人"的作品是什么？西方的艺术论述一板一眼，可能无法定位《奉橘帖》的价值。

"文人"作品常在可有可无之间，《世说新语》留下许多故事，都仿佛在告诉后世，烂漫晋宋，其实是"人"的漂亮。看到《快雪时晴》，看到《兰亭集序》，也只是想象当年战乱岁月里犹有人性的美丽委婉。流失到日本的《丧乱帖》，"丧乱之极""号慕摧绝"，是在这样祖坟都被荼毒的世代，可以写一封信和朋友说自己的哭声。

一切都不必当真，匠气的临摹者应该知道：所有传世的王羲之手帖，原来也只是唐以后的摹本，并不是真迹。

这也是西方论述不能懂之处。但是，被西方殖民、失去论述主权已超过一百年，二十一世纪了，期待一次东方文艺复兴，此时此刻，我们自己可以懂吗？

王维、苏轼的诗还流传，可靠的画作多不传了，但是历来画论都谈及他们的巨大影响。王维的《辋川图》不可靠，苏轼的《枯木竹石》也不可靠，艺术史如何定位他们的影响？

王维的诗"江流天地外，山色有无中"，诗中有了"留白"，也有了"墨"的若有若无的缥缈层次。

苏轼赞美王维"诗中有画，画中有诗"，他必然还看到了王维的画作吧。八个字，也不像西方长篇论述，点到为止，懂的人自然会懂，会心一笑，"谁将佛法挂唇皮"？

大江东去，历史大浪淘沙，他们知道自己身在何处，可有，也可无。"作品"更只是"泥上偶然留指爪"，可有，也可无。

"泥上偶然留指爪，鸿飞那复计东西"，东坡走过颓坏的寺庙，在墙壁上看到自己往昔的题记墨书残痕，斑驳漫漶，似有似无，他因此懂了生命与作品的关系吧。鸿雁已去，泥上指爪，没有斤斤计较，也可以不在意。"文人"写诗、画画，他们真正的作品或许不是画，也或许不是诗，而是他们活过的生命本身吧。陶渊明还在东边的篱下采菊吗？王维还在辋川与田夫依依话说家常吗？至于是夜饮的东坡三更半夜回家，还是在海南澄迈驿贪看白鹭忘了潮水上涨，懂了他的哈哈大笑，或许也就懂了一个民族"文人"的苍凉与自负吧。

我写诗，也画画，觉得好玩，有时大恸，有时狂喜，有时哭笑不得。哭、笑，只是自己一个人的事，与他人无关。没有使命，也一点都不伟大。青年时在"责任""天下兴亡""时代考验"一大堆政治教条里长大，后来写诗、画画，好像也只想借诗画批驳对抗自己根深蒂固的迂腐可笑吧。

更多时间，走在山里，看流泉飞瀑，听千千万万叶与叶间的风声，明月如水，觉得可以随星辰流转。看一个文明的繁华如此，繁华都在眼前，而我端坐，凝视一朵花，心无旁骛，仿佛见到前身。繁华或许尽成废墟，看到一朵花堕落，不惊、不怖、不畏。

佳士得邀我在上海办一次展览，我想到东方美学。二十一世纪，东方可以重新认识自己数千年来传承久远的美学传统吗？

西方在文艺复兴时期奠定了西方美学的基础——透视法（perspective），即找到单一视觉焦点，固定空间，固定时间，形成一个接近方形的画框。

东方的视觉没有被画框限制住，文人优游山水，时间和视点是延续的。

视点上下移动，形成"立轴"；视点左右移动，就是"长卷"。

"立轴""长卷""册页""扇面"，都是东方文人创造的美学空间，空间并不固定，不被"框"住，而是在时间里慢慢地一段一段展开。

东方传统文人的诗画形式被遗忘很久了。西方强势美学形成的美术馆、画廊，都不是为文人的"轴"和"卷"设计的。"立轴""长卷""册页""扇面"都很难在现代西式的美术馆或画廊展出。

传统文人多是邀一二好友，秋凉时节，茶余酒后，在私密的书斋庭轩，"把玩"长卷。"把玩"不会在美术馆，也不会在画廊。

长卷无法悬挂墙上，王希孟的《千里江山图》有约十二米长，西方美术馆也不会知道怎么展出。"把玩"长卷是慢慢展开，右手是时间的过去，左手是时间的未来。一段一段展开，像电影，

长卷

蒋勋《山川无恙》
（谷公馆提供）

像创作者自己经历的生命过程。时间是长卷主轴，与西方艺术中的定点透视大不相同。

一百年来，东方输了，全盘接受西方形式，忘了"长卷""册页""立轴""扇面""屏""障"这些传统美学形式。

长卷的展开，如何看"题签"，如何看"引首"，如何读"隔水"上的题记、印记，如何进入"画心"，还有"后隔水""跋尾"，那是一个时间的功课。

二十一世纪，如果东方美学要崛起，也许要重头做自己的功课了。

相信二十一世纪会是东方重新省视自己美学的时代，找到自己的视点，找回自己观看的方式，找到自己的生命在时间里延续的意义，找到自己的"美术馆"与自己的"画廊"。

笔迹、墨痕，二十岁速写的《齐克果》《卡缪》已成残片，四十岁画的《梦里青春》，到近年的《纵谷之秋》《山川无恙》，经过嗔怒爱恨，走到池上，走到山水间，或许可以从头学习传统文人在时间里的俯仰自得，看山花烂漫，一一随风零落逝去，此身化尘化灰化青烟而去，仿佛长卷渐行渐远的跋尾余音袅袅。

熠耀辉煌

王希孟十八岁的《千里江山图》

二〇一七年初夏，为了讲初唐张若虚的杰作《春江花月夜》，制作简报文件时，我想找一张古画来为长诗配图，很直觉就想到了北宋王希孟的山水长卷《千里江山图》。

张若虚作品极少，他的《春江花月夜》却被后人誉为"以孤篇压倒全唐之作"。北宋王希孟在十八岁创作《千里江山图》，这高五十厘米余，长约十二米的大幅长卷，青绿闪烁，金彩辉煌，惊动了一时领导画坛美学的帝王宋徽宗。未多久，王希孟二十出头就亡故了，美术史上也只留下杰出的一卷"孤篇"。

《春江花月夜》与《千里江山图》，一诗一画，一开启大唐盛世，一终结北宋繁华，各以孤篇横绝于世，仿佛历史宿命，诗画中也自有兴亡吧。

《千里江山图》半年间完成，宋徽宗把这件青年画家崭露头角的作品赏赐给宠臣蔡京，蔡京在卷末留下题跋，谈到王希孟创作《千里江山图》的始末。

政和三年闰四月一日赐，希孟年十八岁，昔在画学为生徒，召入禁中文书库，数以画献，未甚工。上知其性可教，遂诲谕之，亲授其法。不逾半岁，乃以此图进上，嘉之，因以赐臣。京谓天下士在作之而已。

政和三年是公元一一一三年，王希孟十八岁。

画《千里江山图》以前，王希孟是国家画院的学生，被分配在文书库工作，应该是以整理抄缮文件和临摹古画为主。

宋徽宗应该是世界第一位有收藏和保存古代文物观念的君王。

他指示蔡京领导编撰《宣和书谱》《宣和画谱》，建立国家文物目录，也领导"翰林图画院"临摹复制古代名作。现藏波士顿美术馆的《捣练图》、辽宁省博物馆的《虢国夫人游春图》，都是当时留下的作品。宋徽宗可以说是建立国家美术馆观念的第一人，比大英博物馆和卢浮宫早了近八百年。

宋徽宗不只重视典藏品鉴，他最终的目的是建立创作美学，因此他亲自指导"翰林图画院"，把艺术创作列为国家最高的"院士"等级。他最著名的措施是革新了画院考试制度。原来招考职业画工只是考技巧，放一只孔雀，考生就临摹一只孔雀。宋徽宗深刻体悟真正的创作不是"临摹"，石膏像画得再像，也不是"创作"。宋徽宗大胆革命，他的"诗题取士"用一句诗做考题，让职业画工除了锤炼手的技术，更要提高到心灵品味的意境。

他出的诗题，如"深山藏古寺"考验听觉，"踏花归去马蹄香"考验嗅觉，"野渡无人舟自横"考验意境留白。他革新皇室画院的制度，创造了历史上空前的文化美学高峰。北京故宫博物院张择端的《清明上河图》、王希孟的《千里江山图》，都是宋徽宗时代的杰作，至今仍然是世界美术史的高峰。北宋亡国了，徽宗备受历史责难，但是他的美学疆域天长地久，无远弗届。

王希孟十八岁以前在文书库，饱览皇室禁中名作，学习做职业画家，但创作还不够成熟，几次呈献作品，都不够完美。"未甚工"是技术还没有到位。

但是宋徽宗却看出他潜在的才分，"上知其性可教，遂诲谕之，亲授其法"。"其性可教"，是有品味、有性情，蔡京的题跋透露，王希孟直接得到了宋徽宗的教诲。"诲谕之，亲授其法"，这是带在身边当入室弟子了，随时教导，谈论作品好坏，传授技法，也培养眼界。"美"与"术"交互作用，成就了一位青年画家的胸襟、视野和技法。

王希孟得到宋徽宗的亲自教导，"不逾半岁，乃以此图进上，嘉之"。半年时间，从初学的画院"生徒"脱颖而出，创作了让宋徽宗嘉奖赞赏的《千里江山图》长卷。

这一年，王希孟十八岁。何其幸运，创作者在对的年龄，活在对的时代，遇到了对的人。

我对《千里江山图》最大的惊讶是色彩，在1191.5厘米长的空间里，群青浓艳富丽的靛蓝和石绿碧玉般透润温柔的光交互辉映，熠耀辉煌，像宝石闪烁。是青金石，是孔雀石，贵重的矿石、次宝石，打碎，磨研成细粉，加了胶，在绢上一层一层敷染。宝石冷艳又内敛的光，华丽璀璨，好像画着千里江山，又像是画着自己短暂又华丽的青春。夕阳的余光，山间明灭，透着赤金，江山里且行且走，洋溢着十八岁青春应该有的自负，洋溢着十八岁青春应该有的孤独，洋溢着十八岁青春应该有的对美的无限耽溺与眷恋。我想到李白，想到他的"我歌月徘徊，我舞影零乱"，盛唐以后在文化里慢慢消逝的对青春的向往，又在王希孟的画里发出亮光。

文化是有机的，像人，有生、老、病、死。盛唐的诗，像气力旺盛的少年，有用不完的高音，高音到极限还可以纵跳自如。盛唐的诗和书法，大气开阔，没有不能攀登的高峰。"黄金白璧买歌笑，一醉累月轻王侯"，盛世的美，可以这样不屑世俗，直上云霄的高峰。

宋的美学当然不是盛世，国力衰颓，生命力弱，酸腐琐碎就多。宋徽宗累积一百年的安定繁华，仿佛知道末世就在面前，徽宗的"瘦金"闪烁锐利，锋芒尽出，不含蓄，也不内敛，他仿佛要在毁灭前唱出"昆仑玉碎"的末世哀音，凄厉高亢，不同于盛唐繁华，但是"宁为玉碎"，政和宣和美学还是让人惊动。

群青石绿

我用这样的方式看王希孟十八岁的《千里江山图》，挥霍青绿，像挥霍自己的青春，时代要毁坏，自己的肉身也即将逝去。十八岁，可以做什么？可以留下什么？用全部生命拼搏一战，一千年后，让历史惊动。

被归类于"青绿山水"，王希孟使用传统的群青和石绿颜料，显然有不同于前人的表现。

"青绿"的群青、石绿这些矿物颜料，在北朝的敦煌壁画里可以看到，这样的群青石绿，最初是仿效自然中的山色吧。

《千里江山图》怎么使用"青绿"？王希孟如何理解"青绿"？

"青绿"是传统宫廷美学，对照隋朝展子虔的《游春图》、唐人的《明皇幸蜀图》，甚至北宋同时代王诜的《瀛山图》，都可以看出王希孟对"青绿"的理解有所不同。

"青绿"在《千里江山图》里，不再是现实山色的模拟，"青""绿"还原成创作者心理的色彩，像是王希孟对青春的向往，这么华贵，这么缤纷，这么熠耀发亮。"青""绿"把绢丝的底色衬成一种金赤，又和墨色叠合，构成光的明灭变幻。浓艳的"青绿"闪烁，和淡淡的墨色若即若离，繁华即将逝去，是最后夕阳的余光，要在逝去前呐喊啸叫出生命的高亢之音。《千里江山图》摆脱了传统"青绿"的客观性，使"青""绿"成为画面心理的空间。

《千里江山图》的"青"和"绿"堆叠得很厚，这也是它很少展出的原因吧。每一次展出，要展开要卷起，矿石粉都会脱落。台北故宫博物院李唐的《万壑松风》，细看原作就知道是"青绿"，许多人误以为是水墨，就因为年代久，收放次数多，"青绿"脱落，露出底部墨色。

王希孟《千里江山图》（局部），使时间成为主轴，影响了后世长卷山水的美学

《千里江山图》用这样浓重的"青绿"写青春的激情，已很不同于传统"青绿"。画面中"青""绿"厚薄变化极多，产生丰富的多样层次，宝石蓝贵气凝定，一带远山和草茵被光照亮，温暖柔和的"翠绿"，和水面深邃沉黯的"湖绿"显然不同。

　　宋徽宗"嘉之"的原因，或许不是因为青年画家遵奉了"青绿"传统，而是嘉许赞扬他背叛和创新了"青绿"的历史吧。

　　王希孟的《千里江山图》是政和宣和的独特美学，华丽、耽溺，对美的眷恋，至死不悔，和徽宗的"瘦金"和声，美到极限，美到绝对，近于绝望，仿佛一声飘在空气中慢慢逝去的长长叹息。

　　《千里江山图》在美术史上被长期忽略，蔡京题跋之后，仅有元代溥光和尚推崇备至。宋元以后，山水美学追求"沧桑"，"沧桑"被理解为"老"，甚至"衰老"，使笔墨愈来愈走向荒疏枯涩，空灵寂静，走到末流，无爱无恨，一味卖弄枯禅，已经毫无生命力。王希孟的重"青绿"是青春之歌，富贵浓郁，明艳顾盼，像一曲青年的重金属音乐，让人耳目为之一新。

　　长卷是中国特有的绘画形式，也常称为"手卷"。数十年前在台北故宫博物院上课，庄严老师常常调出长卷，数百厘米长，要学生"把玩"。四名研究生战战兢兢，慢慢把画卷展开。体会"把玩"，知道是文人间私密的观看，与在美术馆挤在大众中看画不一样。

　　十二米长的《千里江山图》一眼看不完。想象拿在手中"把玩"，慢慢展开，右手是时间的过去，左手是时间的未来。"把玩"长卷是认识到自己和江山都在时间之中，时间在移动，一切都在逝去，有逝去的感伤，也有步步意外发现的惊讶喜悦。浏览《千里江山图》，也是在阅读生命的繁华若梦吧。

时间若梦

长卷是中国特有的美学形式，却在今天被遗忘了。西方影响下的画廊、美术馆，作品必须挂在墙上。长卷无法挂，也不能全部拉开。十二米长，必须一点一点在手中"把玩"过去，在眼下浏览，且行且观，可以停留，靠近驻足，看细如牛毛的亭台楼阁，点景人物，也可以退后，远观大山大河，平原森林，气象万千。可以向前看，也可以回溯，长卷的浏览，其实更像电影的时间。美术馆受了局限，很难展出长卷，长卷美学也慢慢被淡忘了。

中国的长卷最初是人物故事的叙述，像顾恺之的《洛神赋图》，像唐代的《捣练图》《簪花仕女图》，五代顾闳中的《韩熙载夜宴图》也都还是人物叙事。

五代董源开启了长卷的"山水"主题，他在辽宁省博物馆的《夏景山口待渡图》和北京故宫博物院的《潇湘图卷》，如果合起来看，更像是长卷山水的萌芽。

董源在南方开启的山水长卷在北宋还不是主流，一直要到宋徽宗时代，王诜、米友仁都尝试了长卷山水，但长度大多不超过三米。王希孟在十二米长的空间创作《千里江山图》，气势恢宏，山脉棱线起伏、连绵不断，江流婉转、悠长迂曲。十八岁的青年画家意识到时间在山水中的流动，《千里江山图》不只是空间的辽阔，也是时间的邈远。王希孟正式使时间成为山水主轴，影响到南宋长卷山水，如《潇湘卧游图》《溪山清远图》的出现，也直接给了元代《富春山居图》美学时间上的启示。

二〇一七年九月，《千里江山图》要在北京故宫博物院展出，期待有更多对这件重要作品的讨论，特别是颜料，期待有更科学的化学分析告诉我们，那华丽的群青是青金石吗？成分是钠钙铝硅酸盐吗？有没有氧化钴或氧化锡的成分？我也很想知道那透润的绿是孔雀石的矿粉吗？成分是水合碱式碳酸铜吗？

整整一千年过去，宣和美学藏在画卷里，默默无言。十八岁的王希孟创作的历史名作，像一千年前一场被遗忘的梦，走回去寻找，飞雨落花，仿佛还听得到笑声，看得到泪痕。《千里江山图》，会有更多人站在画的前面，领悟它的繁华，也领悟它的幻灭吧。

上一董源《潇湘图卷》（局部）

下一《夏景山口待渡》（局部），合起来看，更像是长卷山水的萌芽

芒花与蒹葭

不遥远的歌声

童年住在台北近郊大龙峒，附近房舍外是大片田野水塘，可以一眼看到不远处淡水河和基隆河的交汇处，甚至再远一点的观音山。一到秋天，河岸沙洲连到山岗峰岭，苍苍莽莽，起起伏伏，一片白花花的芒草在风中翻飞，一直连到天边。

　　芒花大概是我最早迷恋的家乡风景之一吧。那是在陈映真小说里常出现的风景，也是侯孝贤电影里常出现的风景，风景被叙述，被描绘，被咏叹，成为许多人美学上的共同记忆。

　　童年时听到的却不是"芒花"，长辈们看着白茫茫的一片芒花时，若有所思，常常会说："'芦苇'开花了。"久而久之，习以为常，很长一段时间，我也跟着称呼"芒花"为"芦苇"。

　　长大以后被朋友纠正过："那不是芦苇，那是芒花……"并且告诉我，芦苇在南方的岛屿是不容易见到的。

　　台湾民间常说"菅芒花"，也唱成了通俗流行的歌曲。菅芒，好像是一种极贱极卑微的植物，不用人照顾，耐风、耐旱、耐寒，一到秋天，荒野、山头、干涸的河床、废弃的小区、无人烟的墓地，到处都飘飞怒生着白苍苍的菅芒。

　　在台湾民间，人们好像并不喜欢菅芒花，觉得它轻贱、荒凉吧。总是一些被遗弃或低贱的联想，飞絮、苍凉、无主飘零。邓雨贤作曲的《菅芒花》也一样是哀伤悲情的曲调。

　　我却特别喜爱台湾秋天苍茫一片，开满菅芒花的风景，觉得是不同于春天的另一种繁华缤纷，繁华却沉静，缤纷而又不喧哗炫耀。

　　"菅"这个字民间不常用，常常被人误读为"管"。

　　但是在大家熟悉的成语里，还保留着"草菅人命"的用法。

"菅草"是这么低卑的生命，长久以来，民间用它做扫帚，穷人用它遮蔽风雨，或者闹饥荒没有东西吃的时候，啃食菅草根果腹充饥。菅草，这么卑微轻贱的存在，这么没有价值，这么容易被轻忽丢弃，像是路边倒下去，难堪到没有人理会的饿殍，总是跟尘土垃圾混在一起，随他人摆弄践踏丢弃。如果，一个政权，如果，一个做官的人，如果，一个有权力的人，把人民的生命当成菅草一样，随意践踏蹂躏，这就是"草菅人命"这个成语最初的记忆吧。

成语用习惯了，常常会没有感觉，但是想到最初创造这成语的人，是不是看着眼前一群一群倒下的人，像看着一根一根被斩割、刈杀、践踏的菅草，心里忽然有画面的联想，菅草和人的生命就连在记忆里，成为上千年无奈、荒凉、伤痛的荒谬记忆。

把人的生命当成菅草一样糟蹋，美丽的菅芒花开，却隐隐让人哀伤了。

其实大部分的人在口语里很少用到"菅芒"，通常还是很直接就称作"芒草"，避开了那个有点让人心痛的"菅"字。

芦苇在北方的文学绘画里都常出现，早在两千年前《诗经》里的《蒹葭》，讲的就是芦苇。

"蒹"是芦苇，"葭"也是芦苇，是刚刚抽穗初生的芦苇。所以在白露节气的初秋，在迂曲婉转的河流中，在苍苍萋萋、白茫茫一片初初开穗的芦苇荡漾中，一叶扁舟，溯洄溯游，上上下下，寻找仿佛在又仿佛不在的伊人，唱出那么美丽的歌声。

仿佛听得到芒花的涛声

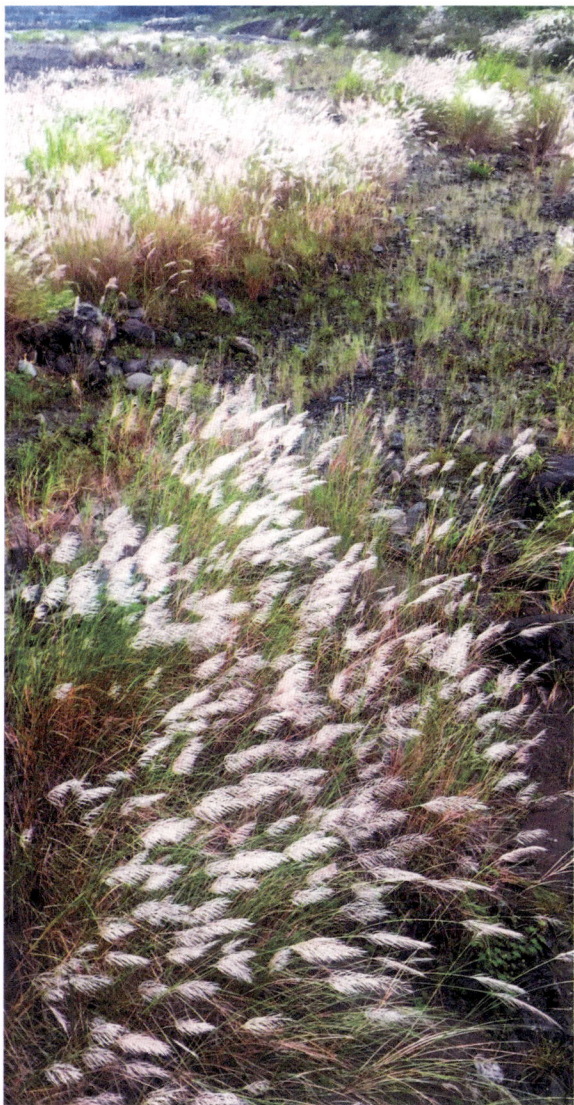

一千多年前五代时期画院的学生赵幹，在台北故宫博物院留有一件《江行初雪图》长卷，也是画江岸边的芦苇。用梗硬的墨线画出挺立的茎干，卷上飞撒点点白粉，仿佛是江边初雪，也像是飞在寒凉空气里萋萋苍苍的芦苇花。

小时候常常听到长辈说"芦苇""芦花"，他们多是带着北边的故乡记忆的。

慢慢纠正了自己，知道南方的岛屿不容易看到芦苇，被误认为"芦苇"的，大多其实是"菅芒花"。

喜爱文学的朋友多会为满山遍野的芒花着迷，也有人刻意在入秋以后相约去走贡寮到头城的草岭古道。这是清代以来人们用脚走出来的小径，蜿蜒攀爬在万山峰峦间，芒花开时，风吹草动，银白闪亮，就可以看到远远近近、高高低低的岛屿秋日最壮观的菅芒风景了。

草岭古道走到高处，远远山脚下已是阡陌纵横兰阳平原的广阔田野，海风扑面而来，山棱线上怒生怒放的一丛一丛芒花翻滚飞舞，像一波一波银白浪涛，汹涌而来，仿佛听得到芒花的涛声。

芒花在岛屿文学里常见，有趣的是"芦苇"刚被纠正，改成"芒花"，又有人跳出来说："那不是芒，是甜根子草。"

写作的朋友一脸无辜委屈，回头看自己的诗作，"芒花飞起"涂改成"甜根子草飞起"，怎么看也觉得不像诗了。

能够经人提醒，把芦苇修正成芒草，其实是开心的。生命本来就是一个不断修正的过程，知识浩瀚，觉得自己一定是对的，往往恰好错失了很多修正的机会。

为了搞清楚菅芒、芦苇、甜根子草的区别，我后来查阅了一些数据，像李瑞宗的博士论文。这个数十年来行走于岛屿各个古道的行路人，像他长年在阳明山公园面对大众的疑惑，用浅显亲切的方式介绍说明了同为禾本科芒属的菅草，和甘蔗属的甜根子草。

李瑞宗的论述说明了几种不同的"芒"，"五节芒"最令我吃惊。过去概念直觉地误解："五节"是指草茎上的节。李瑞宗论文中却说"五节"是五月节，也就是端午节。所以，这种芒草在盛夏开花，在四月到七月开花，其实是与秋天的风景也无关了吗？

一般人接触的岛屿秋天的芒花，论文中称为变种的"白背芒""台湾芒"。"白背芒"在低海拔，"台湾芒"在中海拔，另外还有一般人比较少接触到的"高山芒"。

甜根子草同样是禾本科，却是"甘蔗属"，的确与"菅芒"不同。但是，甜根子草也有别名，有时叫"菅蓁"，也有时被称为"滨芒"，仿佛是水边、河岸、沙洲无边无际的芒花飞起，用了很美的"滨芒"这一名字。我就急急想告诉写诗的朋友，她的"芒花飞起"其实可以不用改了。

所以至少有四种不同的"芒"，各有专业归属，但的确可以归并在广义的"芒"字下。

"菅""蓁""芒""苇""芦"这些名称，在长久的地方文化里显然也在混用，的确不容易辨别，俗用的方式也和绝对专业的分类有了距离。

文学与科学毕竟不同，我不知道为什么"菅芒花"的"菅"，

"草菅人命"的"菅"，正确读音是"间"，而这个字，在闽南语、客语、粤语中的发音都更接近"管"，子音是"K"。好像连日文、韩文里也有这个字，训读的发音也近似"管"。

草菅人命也常常听人误读为草"管"人命，民间口语自有它发展的故事，纠正就好。气急败坏，大肆敲锣打鼓，动机就好像不在纠正，有点自我炫耀了。

秋天在日本常看到芦苇。高野山的寺院一角，一丛芦苇，高大如树，茎干很粗，挺拔劲健，映着秋日阳光，絮穗浓密结实，像黄金塑造。那种刚强不可摧折的雄健之美，其实和岛屿的芒花很不一样。

在上海也看过和日本高野山所见很相似的"芦苇"，塔状圆锥形层叠的花穗，巨大完美，银白发亮，真像金属雕塑，我一个惊叫："啊，芦苇——"旁边的朋友立刻纠正："这是蒲苇。"

是啊，汉诗《孔雀东南飞》里不是早就读过"蒲苇韧如丝，磐石无转移"吗？原来蒲苇还真与芦苇不同。

芦、苇、蒲、竹、菅、芒，许多字拆成单字，再去组合，像"芦竹""蒲苇"，小小属类的不同，却都归并在禾本科中。大众间文学性的混用，和植物专业科学的分类既靠近又分离，既统一又矛盾，也许使这些禾本一家的植物产生了语言和文学上有趣的辩证历史吧。

因此每读《诗经》的《蒹葭》，都不由自主会想到同样读音的"菅"。

《诗经》的注解里都说"蒹"是芦苇，是刚抽穗的芦花，黄褐，灰白，在风里摇动，河流两岸，一片苍苍萋萋。

"菅"与"蒹"或有关或无关。来往于池上台北间，车窗外，纵谷的秋天，一路都是芒花相随，浩瀚如海，无边无际。

最近画一件长 280 厘米、高 110 厘米的《纵谷之秋》，想记忆着秋天纵谷天上地下一片苍苍莽莽的白，记忆着芒花初开时新穗里透出极明亮的银红，像煅烧的银器里冷却了，还流动着一丝一丝火光的红焰，映着岛屿秋天清明的阳光，闪闪烁烁，像一首唱了两千年的歌。

我一次一次来往的纵谷，火车窗外是多么奢侈的风景，银亮的新红，大概维持十天，金属光的银穗开始散成飞絮，白茫茫的，到处乱飘，在风里摇摆、摧折、翻滚、飘零、飞扬、散落——那是岛屿的芒花，很卑微，很轻贱，仿佛没有一点坚持，也绝不刚硬坚强，随着四野的风吹去天涯海角。它随处生根，在最不能生长的地方怒放怒生，没有一点犹疑，没有一点自怨自艾。据说农人烧田烧山都烧不尽菅芒，它仍然是每一个秋天岛屿最浩大壮丽的风景。

我读过比较专业的论文，最终还是想丢掉论述，跟随一名长年在古道上行走的旅人。在寒凉的季节，望着扑面而来的白花花的芒草，仿佛远远近近，都是"蒹葭苍苍，白露为霜"的美丽歌声。

是芦，是苇，是菅，是蒲，好像已经不重要了。在两岸蒹葭苍苍或蒹葭萋萋的河之中流，仿佛看见，仿佛看不见，可以溯洄，可以溯游，迂曲蜿蜒，原来思念牵挂是这么近，又那么远，咫尺竟真的可以是天涯。

"葭"是芦苇，也是乐器，让我想到初民的芦笛，他们学会了在中空的管上凿孔，手指按着孔，让肺腑的气流在管中流动，悠扬出不同音阶调性的旋律。

"宛在水中央""宛在水中坻""宛在水中沚"，歌唱的人其实没有太多话要说，所以反反复复，只是改动一个字，在水中、在水岸、在沙洲，到处都是蒹葭苍苍萋萋，摇舟的人重复唱了三次。好可惜，我们现在只能看到文字，听不到悠扬的声音了。

《诗经》是多么庄严的"经典"，但我宁可回到《蒹葭》只是歌声的时代，"诗"还没有被文人尊奉为"经"，"诗"甚至还不是文字，还是人民用声音口口相传的"歌"，还可以吟唱，可以咏叹，可以有爱恨，可以忧愁，也可以喜悦，是用芦笛吹奏，是在河岸芦苇丛中唱出的肺腑深处的声音。

《蒹葭》里重复三次"所谓伊人"，一个字都没有更动，"就是那个人"，就是那无论如何也放不下的日思夜想的"所谓伊人"吧。

没有"所谓伊人"，自然不会有歌声。

常常会念着念着"蒹葭苍苍"，想象两千多年前的歌声，像今天在卑南许多部落里还听得到的歌声，婉转嘹亮，有那么多的牵挂思念，一个秋天就让卑南溪两岸溯洄溯游开满了白苍苍的芒花。

《蒹葭》一定可以唱起来的。如果是邓丽君，会用多么甜美的嗓音轻柔地唱"宛在水中央"；如果是凤飞飞，会用怎样颤动的声腔唱出缠绵感伤的"溯洄从之""溯游从之"；如果是江蕙，会把"蒹葭萋萋，白露未晞"两个闭口韵的"萋"与"晞"唱得多么荒凉忧苦。

想在岛屿各个角落听到更多好的歌声，听到更多可以流传久远的歌声。

歌声并不遥远，可以传唱的歌，可以感动广大人民的歌，一定不会只是口舌上的玩弄。动人的歌声，能够一代一代传承的歌声，必然是肺腑深处的震动，像阳光，像长风几万里，像滋润大地的雨露，传唱在广漠的原野上，传唱在蜿蜒的河流上，传唱在高山之巅，在大海之滨。数千年后会变成文字，会被尊奉为"经"，但是，我一直向往的只是那歌声，两千年前，或近在卑南部落，都只是美丽的歌声，并不遥远的歌声。

庄子，你好

逍遥游

鲲——梦想变成鸟飞起来的大鱼

读《庄子》，没有人不记得，在北方荒凉的大海里那条孤独的大鱼。

庄子说："北冥有鱼，其名为鲲。"

庄子是善于说故事的人，他的故事是神话，是寓言，像今天的魔幻文学，充满想象力，充满好奇，充满活泼的画面。

幸好有庄子，一个民族的文化不会让人沉闷无趣到昏昏欲睡。

青年的时候，我厌烦了学校千篇一律的死板教科书，常常要偷偷翻开《庄子》。翻开第一页，那一页就说了一个简单的故事：无边无际的北方海洋里，一条叫作"鲲"的大鱼，不知道为什么，不想做鱼了。它想化身成一只鸟，它想飞起来。

我那时理解的"北冥"或"北溟"就是"北方海洋"。现在读，好像也还有当年文青的感动。我如果是一条鱼，可以梦想成为一只鸟吗？在寒凉寂寞的北冥，天长地久，我可以梦想飞起来吗？我可以梦想向南方明亮的阳光飞去吗？

我感谢庄子，在那个苦闷孤寂的年代，借着他的故事，我可以做梦，在荒凉孤寂的岁月，有了飞起来的狂妄梦想。

我童年住在台北孔庙附近，常到庙里玩，但是害怕庙里一排一排圣贤严肃阴沉的牌位。我常常想逃到庄子的故事里，看大鱼化身为鹏，看那条大鱼的广阔的背，庄子说"不知其几千里也"。这么广大的鱼的背脊，远远望去，像一座岛屿吧。像我在飞机上看到的我的岛屿，在太平洋的波涛中，像鱼背一样宽阔巨大。它，也有飞起来的梦想吗？

我在岛屿旅行，有很多地名叫"鲲鯓"，让我想起《庄子·逍遥游》一开始谈到的"鲲"。

据说，"鲲"是鲸鱼。岛屿长长的，万顷波涛，远远看，像一条鱼伏在大海里，露出突起的背部，因此古代有人就把岛屿叫作"鲲岛"。一直到现在，岛屿的南部还有许多地名叫"鲲鯓"。"鲲鯓"太多，难以分辨，就排列出秩序。

光台南一地，就有七个鲲鯓。一鲲鯓就是现在安平所在的位置，二鲲鯓在亿载金城，三鲲鯓在安平对岸，四鲲鯓又叫下鲲鯓。好像有许多巨大的鲸鱼一一排开，从一排到了七。七鲲鯓，有人认为已经排到台南高雄交界的茄萣去了。鲲鯓太多，照例就有争议，五、六、七，这几个鲲鯓地位就都不确定。吵来吵去，也有人烦了，干脆就用其他地名代替，不再沾"鲲鯓"的光了。

有的鲲鯓不用数字排行。我去过"南鲲鯓"，那里有彩色华丽的王爷庙，二十世纪七十年代，王爷庙前的一个乩童名叫洪通，他成为著名画家，登上国际新闻。

洪通不识字，没有受过任何正规教育，不受教科书拘束。他写字画画，写的字像道士画的符，他的画也自由、活泼，充满色彩的生命力。

台南还有青鲲鯓，在台南将军区。这里还有用"鲲鯓"命名的小学，有用"鲲鯓"命名的警察局。最有趣的是，这个地区还有两个里用"鲲"这个字命名，一个叫"鲲鯓里"，一个叫"鲲溟里"。"鲲"和"溟"都是《庄子·逍遥游》一开始说到的。带着《庄子》在岛屿旅行，读《逍遥游》，好像是神话，却又一下子变成了现实世界。

在"鲲鲡""鲲溟"两个里中间走一走，望着西边大海波涛里一个连一个的凸起沙洲，如灰青色鱼背一般，浮游在波涛中，恍惚间，觉得庄子是不是来过。在这些叫"鲲鲡"的地方写他的《逍遥游》，一开始就说："北冥有鱼，其名为鲲。"的确，"鲲"这条巨大无比的鱼，是住在北冥。"北冥有鱼"我一直理解成很荒漠寒冷的北极海洋。当然，有考证癖的大学教授立刻会纠正你，说："庄子不可能去过北极。"《庄子》不能考证，最好也不能让大学教授注解，一考证一注解，《庄子》就死翘翘了。注解疏证太多，鲲会死在北冥，鲲无法变成鹏，鹏也飞不起来，鲲养在小鱼缸里，鹏囚禁在鸟笼中，翅翼张不开，它们都只能供人玩赏喂食，奄奄一息。

还是应该到北冥去走走，没有人类去过的北冥，没有人类的足迹，辽阔空寂，一片白茫茫。无边无际的冰雪，巨大茫昧，无始无终的白色海洋，没有岁月，没有生命的记忆，没有诞生，也没有死亡。

那条孤独的鱼，在波涛里生存了多久？没有记载，没有人知道。那条鱼的故事，不属于历史，历史只是人类造作，人类的历史时间太短，历史之前是漫长的神话。

那条鱼是神话时间里的鱼——鲲鲡，它有了身体，忧伤的身体，它在无始无终的时间里冥想：能不能没有这个身体？

好几亿年的这个身体，它厌烦了，它想离开这个身体，它望着无边无际的空白，它想飞起来。它想了好几亿年，它鼓动鳃，它尝试扇动自己的鳍，它的鳍鬣立了起来，高高的鳍鬣，像一座山，扇动，扇动。也许，好几千万年过去，好几亿年过去，它的鳍，一段一段，在扇动的风里慢慢变成了巨大的翅翼。鳍翅的软骨演化成羽翼。它努力振动鳍翅，在北冥的狂风里呼啸，它扇动新演化成的翅翼，有一种狂喜吧。

"怒而飞"，庄子只用了三个字，讲述鱼飞起来的情景。"怒"是心事的激动吧。云和冰雪的海涛翻涌起来，它一振翅，就仿佛海啸，滔天的冰雪哗然，天空仿佛被劈开来一片金色的光，那条鱼飞了起来，变成了一只翱翔空中的大鸟。"其翼若垂天之云"，我每每看天空的云发呆，就想起刚刚飞起来的大鹏鸟。那些云是它扇动时落下的羽毛，天空留下长云，它要向南飞去了。

那是庄子说的第一个故事，一个叫作"逍遥"的故事。

庄子说这故事不是他胡说的，是《齐谐》里记载的。《齐谐》是什么书？"志怪者也"，专门记录怪事情的书，像《哈利·波特》吧，或者像《魔戒》。庄子不喜欢一本正经，他喜欢这些奇怪的书，他引用的《齐谐》，像是一本魔幻的书，但是文字很美。

庄子引用了一段文字，《齐谐》描述鲲变化成鹏，鹏飞起来了，要往南方飞："鹏之徙于南冥也，水击三千里，抟扶摇而上者九万里。"好美的文字，"三千里""九万里"都只是无限大的想象，无限的空间，无限的时间，无限的速度。"扶摇直上"已经成为家喻户晓的成语，依靠风，依靠空气，扶扶摇摇，就可以飞起来。

我喜欢"抟"这个字，是一个动词，揉面、揉土是"抟"，鸟振翅在气流里的飞翔旋转也是"抟"。"抟"像内在生命能量慢慢生发的状态，像一种气的运动，像武功高手的蓄势待发。

这样飞起来的大鹏，一飞就飞了六个月。

两千多年过去了，我们还是很难想象一次长达六个月的飞行。

古老神话里都梦想过飞，幻想过飞：嫦娥的飞，伊卡鲁斯[1]的飞，孤独的飞，坠落毁灭的飞。梦想、幻想都被嘲笑过，然而人类真的飞起来了，可以愈飞愈久。仰望夜空，我们或许还可以梦想，穿过星空，会有一次长达六个月的飞行。

庄子一定相信，有一天梦想可以成真。

他说的"逍遥"是心灵的自由，是创造性的自由，不被客观现实捆绑，不被成见拘束，你想从鱼变鸟，你想飞，你就成就了"逍遥"。

"逍遥"就是：你可以是鱼，你也可以是鸟；你可以是鲲，你也可以是鹏；你可以在水里游，你也可以在空中飞。"逍遥"是领悟自己可以是你向往的自己，向往了几亿年，水中游动的鳍鬣会变成空中扇动的翅翼。

逍遥是彻底的心灵的自由。

看到羡慕的生活，我们说："好逍遥。"我们一定知道"逍遥"的意思吧。

你相信吗？庄子说的"鲲"的故事，是一个荒诞的神话。或者他在讲述关于他观察到的自然生态的演变进化？

我喜欢庄子的故事，天马行空，虽然后世学者注解来注解去，把活生生一尾巨大的"鲲鲟"肢解虐杀到支离破碎。那一匹行空的天马，加了皮革笼头、黄金嚼子，系上了锦绣鞍辔，钉上马蹄铁，

1　希腊神话中的一位英雄少年。他和父亲代达罗斯想用蜂蜡和羽毛制成的翅膀飞出克里特岛，但他不顾父亲的忠告，越飞越高，离太阳太近，结果因蜂蜡融化后坠入大海而亡。

为人所奴役驱使，早已奄奄一息，它啸叫狂嘶，到最后，连一点反抗挣扎的愤怒都没有了，如何"逍遥"？我青年时读《庄子》，常常无端想哭。坐在面对浩瀚汪洋大海的鲲鳣上，想起曾经有过的那巨大的"北冥"，无边无际，想起北冥里优游自在的鲲，岸上的人远远观望，只是青黑色一线，忽起忽落，有时是圆圆的头，有时是厚厚的背脊，有时如山一般立起来，仿佛是它张开的鳍鬣，真的像山一样。岸上的人惊慌奔跑，因为太阳被遮蔽了，鳍鬣像大大的网，像幕幔，像垂天之云，遮蔽了日光。

关于水洼里的芥子

庄子很用心地观察自然。

他仿佛总是从人群中走出去，在天辽地阔的场域冥想宇宙。他观察风，观察空气。绝对的孤独，产生纯粹的思辨。他说："独与天地精神往来。"庄子的"独"是彻底、绝对的孤独。跟大风对话，跟空气对话，跟尘埃对话，跟生物的气息对话，他解脱了"人"的许多偏见，回到自然的原点，还原生命最初的本质。

我喜欢他观察天的颜色，他用了"苍苍"两个字。民歌里有"天苍苍"，也有"蒹葭苍苍"，民间也用"白发苍苍"。"苍苍"不像是视觉上的颜色。"苍苍"常常和"茫茫"用在一起——"天苍苍，野茫茫"，苍苍茫茫，不是确定的颜色，是视觉极限的渺茫浩瀚吧。正是庄子在《逍遥游》里说的"其远而无所至极邪"，无穷无尽的"远"，无法用人类距离测量的"远"，眺望太空的苍茫，不是颜色，其实是虚空无尽。

庄子给了一个文化思考"远"的哲学，使后代的绘画放弃了色彩模拟，用单一色系的墨不断渲染，理解了更深层次上"苍苍"的意义。

他在孤独里如此看大，看远，看近，也看小。细微短暂的生命，无穷无尽的生命，都在时间和空间里存在着。

他在一间土坯屋子里观看地上凹下的小小水洼，他把一粒芥子放进水洼里，看小小的芥菜种子优游水上，像一艘船。他知道，如果放一个杯子在水洼里，就要搁浅停滞了。

他像一名有耐心的物理学家，反复实验，反复练习，大和小，远和近，漂浮和沉滞，飞翔和降落——从小水洼负载的种子，到"九万里则风斯在下"的大鹏鸟，他又回到可以一飞六个月不停息的飞行的梦。他说了物理的观察："风之积也不厚，则其负大翼也无力。"他在观察飞行，观察飞翔中羽翼和气流的关系。

庄子留下了许多自然科学的发人深省的智慧，把它们限定在做人的"退让""周到"，是太乡愿平庸的看法吧。

这个民族，要如何摆脱唯唯诺诺地做人，能真正走出去，孤独地与自然对话，跟日月对话，跟天地对话，可以高高飞起来，"九万里则风斯在下"？飞到那样云霄高处，会不会多一点生命的奇险与惊叹？

俞大纲老师在一九七六年送我一部《庄子》，是严复注解的。严复从英国学海洋军事回中国，他看到了欧洲强权"船坚炮利"背后真正应该学习的，是向大自然挑战的孤独精神。他翻译了《天演论》，也用《天演论》的观点重新诠释《庄子》，让《庄子》摆脱上千年来"隐世""消极"哲学的误解，发扬《庄子》观察自然、探究自然的正面意义。

"背负青天"是那只飞起来的大鹏鸟在九万里高空御风而行的美丽画面，像是庄子为人类早早勾画了航向外层空间雄心壮志的预言。

《逍遥游》里有两个小小的生物，"蜩"是一种蝉，比普通的蝉小，另一只小鸟，叫"学鸠"。它们体形都很小，在地面上跳跃，在榆树和枋树间盘旋飞跃。有时候两株树距离远一点，一次飞不到，就落在地上，再重新飞。

也许恰好天空高处有九万里风斯在下的大鹏飞过，地面上那只小小的蝉，那只小小的鸟抬头仰望，看到一飞六个月不停止的大鹏飞过，便笑了起来。蜩与学鸠的笑，历来很不为人注意。不过是一只蝉、一只小鸟的见识吧。它们哪里会懂得大鹏鸟一飞六个月不停的志愿呢？

《庄子》这一段是要用大鹏的伟大嘲讽蜩与学鸠的无知吗？如果从自然生命的整体来观看，每一种生命都有存在的意义，那也是《庄子》哲学的核心价值吧。

鲲、鹏，是巨大的生物；蜩与学鸠，是微小的生命。巨大与微小，是生命的两种不同现象，各有各的存在意义。蜩与学鸠可能无法了解鲲鹏，同样，在鲲鹏眼中，可能看不见蜩，也看不见学鸠。庄子的哀伤，是生命与生命之间彼此不能了解的隔阂吗？然而，一个文化长久以来羡慕着鲲鹏，男性伟大时代名字多用"鲲"，用"鹏"，却很少看到"蜩"，也很少看到"鸠"。

关于蜩，关于学鸠

我们是不是误解了《庄子》？

　　我喜欢《庄子》夹杂着寓言和论述的文体。看了鲲鹏和蜩鸠的故事寓言，他开始论述了：到近郊走走，准备一日的餐食；走一百里路以外，要准备隔天的粮食；走一千里路以外，就要准备三个月的粮食。

　　庄子很客观，并没有比较孰对孰错。他只想论述一个事实。

　　他可能感慨"二虫又何知"，感慨这两个微小生命无法理解六个月的飞行，但是，或许不是嘲讽，而是提醒："小知不及大知，小年不及大年。"我们大多时候是"小知""小年"，知识有限，时间有限，如果嘲笑蜩与学鸠，不就是在嘲笑自己吗？

　　然后他说了非常美丽的故事：关于"朝菌"，关于"蟪蛄"，关于"冥灵"，关于"大椿"。

庄子把我带到阴暗的水沟边，或到雨后的树荫处，看太阳初升时的微小朝菌。一种蕈菇吧，它叫"朝菌"，因为早上诞生，很快就死亡了。"朝菌不知晦朔"，这样短促幽微的生命，只有一个早上的生命，不知有晨昏，不知晦朔，没有黎明与黄昏，没有日升日落，没有月圆月缺。我们知道的时间概念，日或月，对"朝菌"是不存在的。

庄子又把我带到夏日的树林，听一树蝉嘶，那样嘹亮高亢。不多久，蝉的尸体就纷纷坠落到地上。"蟪蛄"是蝉，是夏季的知了。"蟪蛄不知春秋"，如果生命只经历一个夏天，就无法理解"春""秋"，无法理解四季。

我们的生命可以经历无数晨昏，也可以理解数十寒暑。

我们因此应该悲悯"朝菌""蟪蛄"的渺小短促吗？

庄子显然只是布了一个陷阱，让我们扬扬得意，庆幸自己不是"朝菌"，不是"蟪蛄"。庄子每每在人类得意扬扬的时候，突然把我们带进无限的时间与空间，让我们警悟自己的渺小卑微。我们其实是"朝菌"，是"蟪蛄"。生命匆匆，死亡就在面前。我们很难理解比我们生命更长久的时间，我们也很难理解比我们身体活动所能到达之外更大的空间。

我们活在限制之中，无法逍遥自在。

然而"冥灵"呢？"大椿"呢？

"冥灵"在南方的大海中，据说是一种大树，也有人说是一种龟，使我想到四神兽里的"玄武"。它生命的时间如此漫长，五百年是一次春天，五百年是一次秋天。我们从"朝菌""蟪蛄"的哀悯转过头来，从冥灵回看，看到自己的渺小卑微。

"大椿"更难理解，它是"八千岁为春，八千岁为秋"。是什么样的植物呢？在日本看到许多被供奉的椿树，大多也只有几百年。然而庄子又进入神话领域，一个春天是八千年。难以理解的时间啊，像屈原《天问》一开始的浩叹："遂古之初，谁传道之？"永远没有答案的发问：时间之初是什么？时间之初以前是什么？"冥灵""大椿"如同"朝菌""蟪蛄"，长与短促，并没有差别，在无始无终的时间里：都只是匆匆的梦幻泡影。

《庄子》在某一部分和《金刚经》探究的时空近似，也有相似的领悟。

看"朝菌"看"蟪蛄"，看"冥灵"看"大椿"，我们"渺沧海之一粟"，我们"羡长江之无穷"，或许只是自己无事生非的哭与笑吧。所以，飞六个月的大鹏，在蓬蒿之间跳跃的小鸟，都应该有自己的领悟吧。

"举世誉之而不加劝，举世非之而不加沮"，这是年轻时贴在自己案头的励志话，但至今也还做不好，世俗的"赞誉""非难"都还营营扰扰。对世俗的"赞"不动心，对世俗的"非"也不动心，那就是回来做真正的自己了吧。"定乎内外之分，辩乎荣辱之境"，听不见外面的喧哗，专心跟内在的自己对话。

我还是在《庄子》的引领下看"偃鼠饮河"，看"鹪鹩巢于深林"吧。

小小的偃鼠，过河喝水，很得意，喝了一条大河的水，它总是忘了：自己的肚腹只有那么大。小小鹪鹩，住在广大林中，也很得意，但也总是忘了：身体这么小，怎么住，也只在一细枝上。

我当然知道自己是"偃鼠"，肚腹就那么大；我当然也知道自己如同"鹪鹩"，这身体如何占有，也只有"一枝"。有志飞向无穷无尽的时空，是要从认知自己的有限做起吗？

　　《庄子·逍遥游》结尾说了两个寓言，一个是"大瓠"，另一个是"大树"。

　　常常会想起《庄子·逍遥游》里说到的"大瓠"的故事。严格说来，不是庄子说的，是他的朋友惠子说的。惠子很有趣，他和庄子常常从不同的角度看问题。惠子得到一颗大瓠的种子，国王送的，告诉他是很特别的种子。惠子拿回家种在土里，等待种子发芽，长出藤蔓，开了花，结了果。那个时代，瓠瓜可以吃，也可以晒干，剖成两半，用中空的部分舀水，当水瓢用。

　　我记得童年的时候台湾也用这样的水瓢，家家户户都有，放在水缸上。这样的瓠瓜没什么稀奇，家中后院的瓠瓜长老了，剖开来，都可以做水瓢，也不用花钱买。但是，惠子得到的"大瓠之种"有什么特别呢？惠子等待着，瓠瓜愈长愈大，大得像一艘船。

　　惠子开始烦恼了，瓠瓜应该做水瓢，但是长到这么大，他估量一下，做了水瓢，大概可以盛装五石的水。五石水少说也有几百斤。惠子因此烦恼，容纳几百斤的水，这水瓢要如何举得起来。他又烦恼，瓠瓜并不坚硬，盛装几百斤水，大概也要碎裂了。

　　惠子把烦恼告诉庄子，庄子哈哈大笑，他大概很爱这个头脑单纯的惠子。

　　庄子说，这大瓠瓜，不能做水瓢，何不拿来做一艘船舟，浮于江湖之上。

　　我读《庄子》常常为自己悲哀，总觉得不知不觉会被多少现实生活里"用"的概念捆绑住，无法自在逍遥，心灵真正的自由谈何容易。

台湾农村还多瓠瓜，用来吃，干老的内瓤可以用来洗澡，大瓠有一人高，常有人雕刻了做装饰。朋友福裕替我拍摄了南部农家种的大瓠瓜，他说大约有七十厘米高，不算最大的，那应该也到一个人的腰部了。

庄子看物，没有成见，瓠瓜可以是容器，小水瓢是容器，一艘大船也是容器。庄子探究的常常是物理的本质，也是创造的原点。我们的教育多在是非选择中绕圈圈，老师是惠子，学生也跟着做惠子。惠子太多，一个民族只好望着大瓠瓜烦恼。不知道教育主管部门负责人是不是也常常看着大瓠发呆：这样的大瓠要拿来怎么办？

大树

常常在想《庄子·逍遥游》里说到的那棵被称为"樗"的大树，究竟是怎样的一棵树呢？主干臃肿不直，歪歪扭扭，没法用尺量，显然不是"栋""梁"之材，不能拿来做建筑的梁柱。连小枝也蜷曲，没有规矩，大概连做个桌、椅、板凳也不行。这样一棵树，既不能盖房子，也不能做家具，木匠看一眼，头也不回就走了。

庄子的朋友惠子很为这棵树叹息吧：唉，这么没有用的一棵树。

我读书工作总是会遇到名字叫"国栋""国梁"的男子，他们被这样命名，是父祖希望他们"有用"吧！他们不会叫"樗"，因"樗"是"无用"之材。听完朋友的叹息，庄子笑了，他或许在偷笑：这棵树幸好"无用"，若是有用，早就被砍伐去做"栋""梁"了，哪里还会长到这么大。

努力要"有用"，或许正是一个生命不能"逍遥"的原因吧。

庄子说，你有这样的大树，何必担心它"无用"？庄子希望这棵树长在"无何有之乡，广莫之野"，可以在树旁倚靠，可以寝卧在树下，不必担忧被斧斤砍伐，被拿去做"栋""梁"。

不为他人的价值限制，不被世俗的功利捆绑，庄子哲学的核心是"回来做自己"。

上千年来有许多"栋""梁"，但是，"樗"太少见了。无用之用，不是只斤斤计较在人间树立价值，也是超越人的世界，在自然宇宙的高度思考生命的终极意义吧！

庄子难，难在我们无法摆脱世俗价值，回来做真正的自己。

那棵大树，让我想到电影《阿凡达》里的生命之树。"无所可用，安所困苦哉！"没有用，有什么好烦恼？最近是有些烦恼，因为很多人说人工智能将会灭绝人类。烦恼一阵子，看到一种说法，又高兴起来。这说法是：人与人工智能不同，因为人会犯错。

我高兴起来，因为许多闻名的创作发现的确跟"错误"有关，像鲧，这个可怜的治水者，他老被骂，因为到处盖堤防，防堵水，最后失败了。他的儿子禹才改用疏浚法，治好了洪水。鲧是失败者，好像一无是处，是个"无用"之人。有一天在一本书里读到不一样的结论，鲧不断修堤防的建筑工事，成为后来修筑城墙的来源。

人类文明不断从错误和无用中修正自己，一开始就设定目的，短视近利，是不是限制了创造力，反而没有真正的创造可言？

我们期待着"人"与"人工智能"继续对话，像"鲲"与"鹏"的相互演化。庄子的逍遥是自由，也是宽容，对人的宽容，对物的宽容，对看待文明与自然态度的宽容。

坐看云起与
大江东去

我喜欢诗，喜欢读诗、写诗。

少年的时候，有诗句陪伴，好像可以一个人躲起来，在河边、堤防上、树林里、一个小角落，不理会外面世界轰轰烈烈地发生什么事。少年的时候，也可以在背包里带一册诗，或者，即使没有诗集，有一本手抄笔记，有脑子里可以背诵记忆的一些诗句，也足够用，可以一路念着，唱着，一个人独自行走去天涯海角。

有诗就够了——年轻的时候常常这么想。

有诗就够了——行囊里有诗、口中有诗、心里面有诗，仿佛就可以四处流浪，跟自己说："今宵酒醒何处——"很狂放，也很寂寞。

少年的时候，相信可以在世界各处流浪，相信可以在任何陌生的地方醒来，大梦醒来，或是大哭醒来，满天都是繁星，可以和一千年前流浪的诗人一样，醒来时随口念一句："今宵酒醒何处——"

无论大梦或大哭，仿佛只要还能在诗句里醒来，生命就有了意义。很奇怪的想法，但是想法不奇怪的话，很难喜欢诗。

在为鄙俗的事吵架的时候，大概是离诗最远的时候。

少年时候，有过一些一起读诗写诗的朋友。现在也还记得名字，也还记得那些青涩的面容，笑得很腼腆，读自己的诗或读别人的诗，都有一点悸动，像是害羞，也像是狂妄。

日久想起那些青涩腼腆的声音，后来都星散各地，也都无音讯，心里有惆怅唏嘘，不知道他们流浪途中，是否还会在大梦或大哭中醒来，还会又狂放又寂寞地跟自己说"今宵酒醒何处——"。

走到天涯海角，离得很远，还记得彼此，或者对面相逢，近在咫尺，都走了样，已经不认识彼此，是生命两种不同的难堪吗？

"纵使相逢应不识"，读苏轼这一句，我总觉得心中悲哀。不是容貌改变了，认不出来，或者不再相认，而是因为岁月磨损，没有了诗，相逢或许也只是难堪了。

曾经害怕过，老去衰颓，声音喑哑，失去了可以读诗写诗的腼腆佯狂。

前几年路上偶遇大学诗社的朋友，很紧张，还会怯怯地低声问一句："还写诗吗？"

这几年连"怯怯地"也没有了，仿佛开始知道，问这句话，对自己或对方，多只是无谓的伤害。

所以，还能在这老去的岁月里默默让生命找回一点诗句的温度或许是奢侈的吧。

生活这么沉重辛酸，也许只有诗句像翅膀，可以让生命飞翔起来。"天长路远魂飞苦"，为什么李白用了这样揪心的句子？

从小在诗的声音里长大，父亲、母亲，总是让孩子读诗背诗，连做错事的惩罚，有时也是背一首诗，或抄写一首诗。

街坊邻居闲聊，常常出口无端就是一句诗："虎死留皮人留名啊。"那人是街角捡字纸的阿伯，但常常"出口成章"，我以为是"字纸"捡多了也会有诗。

有些诗，是因为惩罚才记住了。在惩罚里大声朗读："明月出天山，苍茫云海间。长风几万里，吹度玉门关。"诗句让惩罚也不像惩罚了，朗读是肺腑的声音，无怨无恨，像天山明月，像长风几万里，那样辽阔大气，那样澄澈光明。

有诗，就没有了惩罚。苏轼总是在政治的惩罚里写诗，愈惩罚，诗愈好。流放途中，诗是他的救赎。

"诗"会不会是千万年来许多民族最古老最美丽的记忆？

希腊古老的语言在爱琴海的岛屿间随波涛咏唱——《奥德赛》《伊利亚特》，关于战争，关于星辰，关于美丽的人与美丽的爱情。

沿着恒河与印度河，一个古老民族传唱着《摩诃婆罗达》《罗摩衍那》，是战争，也是爱情，无休无止的人世的喜悦与忧伤。

黄河长江的岸边，男男女女，划着船，一遍一遍唱着："蒹葭苍苍，白露为霜。所谓伊人，在水一方。溯洄从之，道阻且长，溯游从之，宛在水中央。"

歌声、语言、顿挫的节奏、呼应的和声，反复、重叠、回旋，像长河的潮汐，像江流婉转，像大海波涛，一代一代传唱着民族最美丽的声音。

《诗经》十五国风，是不是两千多年前汉语地区风行的歌谣？唱着欢欣，也唱着哀伤；唱着梦想，也唱着幻灭。

他们唱着唱着，一代一代，在庶民百姓口中流传风行，咏叹着生命。

《诗经》从"诗"变成"经"是以后的事。"诗"是声音的流传，"经"是被书写成的固定的文字。

我或许更喜欢"诗"，自由活泼，在活着的人口中流传，是声音，是节奏，是旋律，可以一面唱一面修正，还没有被文字限制成固定死板的"经"。

《大雅·绵》讲盖房子："捄之陾陾，度之薨薨，筑之登登，削屡冯冯。"

变成文字，简直聱牙，经过两千多年，就需要一堆学者告诉年轻人："冯冯，声音是凭凭。"

如果还是用歌声传唱，这盖房子的声音就热闹极了。这四种声音，在今天，当然就可以唱成"隆隆""轰轰""咚咚""碰碰"。"乒乒乓乓"，盖房子真热闹，最后"百堵皆兴"，一堵一堵墙立起来，要好好打大鼓来庆祝，所以"馨鼓弗胜"。

"诗"有人的温度，"经"只剩下躯壳了。

文字只有五千年，语言比文字早很多。声音也比文字更属于庶民百姓，不识字，还是会找到最贴切活泼的声音来记忆、传达、颂扬，不劳文字多事。

岛屿东部的山地人部落里，人人都歌声美丽，汉字对他们约束少、压力少，他们被文字污染不深，因此歌声美丽，没有文字羁绊，他们的语言也因此容易飞起来。

我常在卑南听到最近似"陕陕""薨薨"的美丽声音。他们的声音有节奏，有旋律，可以悠扬婉转，他们的语言还没有被文字压死。最近听桑布伊唱歌，全无文字，真是"咏""叹"。

害怕"经"被亵渎，死抱着"经"的文字不放，学者、知识分子的《诗经》不再是"歌"，只有躯体，没有温度了。

可惜，"诗"的声音死亡了，变成文字的"经"，像百啭的春莺，割了喉管，努力展翅飞扑，还是痛到让人惋叹。

"惋""叹"都是声音吧，比文字要更贴近心跳和呼吸。有点像《诗经》《楚辞》里的"兮"，文字上全无趣味，我总要用惋叹的声音体会这可以拉得很长的"兮"，"兮"是音乐里的咏叹调。

从"诗"的十五国风，到汉"乐府"，都还是民间传唱的歌谣。

仍然是美丽的声音的流传，不属于任何个人，大家一起唱，一起和声，你一句、我一句、他一句，变成集体创作的美丽作品。

"青青河畔草，绵绵思远道。远道不可思，夙昔梦见之。"只有歌声可以这样朴素直白，是来自肺腑的声音，有肺腑间的热度，头脑思维太不关痛痒，口舌也只有是非，出来的句子，不会是"诗"，不会有这样热烈的温度。

我总觉得汉语诗是"语言"带着"文字"飞翔，因此流畅华丽，始终没有脱离肺腑之言的温度。

小时候在庙口听老人家用闽南语吟诗，真好听，香港朋友用老粤语唱姜白石的《长亭怨慢》，也是好听。

我不喜欢诗失去了"声音"。

"汉字"从秦以后统一了，统一的汉字有一种霸气，让各地方并没有统一的"汉语"自觉卑微。

然而我总觉得活泼自由的汉语在民间的底层活跃着，充满生命力，常常试图颠覆官方汉字因为装腔作势愈来愈死板的框框。

文化僵硬了，要死不死，语言就从民间出来，用歌声清洗一次冰冷又濒临死亡的文字，让"白话"清洗"文言"。

唐诗在宋代蜕变出宋词，宋词蜕变出元曲，乃至近现代的"白话文运动"，大概都是借尸还魂，从庶民间的"口语"出来新的力量，创造新的文体。每一次文字濒临死亡，民间充满生命活力的语言就成了救赎。

因此或许不需要担心诗人写什么样的诗，回到大街小巷、回到庙口、回到庶民百姓的语言中，也许就能重新找到文学复活的契机。

小时候在庙口长大，台北大龙峒的保安宫，庙会一来，可以听到各种美丽的声音，南管、北管、子弟戏、歌仔戏、客家山歌吟唱、相褒对唱、受日本影响的浪人歌谣、战后传到台湾的山东大鼓、河南梆子、秦腔，乃至美国二十世纪五十年代的摇滚，都混杂成庙口的声音，像是冲突，像是不协调，却是一个时代惊人的和声，在冲突和不协调里寻找彼此融合的可能性。我总觉得新的声音美学在形成，像经过三百多年魏晋南北朝的纷乱，胡汉各地的语言、各族的语言，印度的语言，波斯的语言，东南亚各地区的语言，彼此冲击，从不协调到彼此融合，准备着大唐盛世的来临，准备语言与文字达到完美巅峰的"唐诗"的完成。

应该珍惜，岛屿是声音多么丰富活泼的地方。

其实生活里"诗"无所不在。家家户户门联上都有"风调雨顺""国泰民安"，那是《诗经》的声音与节奏。

邻居们见了面总问一句"吃饭了吗？""吃饱了？"，让我想到乐府诗里动人的一句叮咛："努力加餐饭。"或"上言加餐饭。"生活里、文学里，"加餐饭"都一样重要。

我习惯走出书房，走到百姓间，在生活里听诗的声音。

小时候顽皮，一伙儿童去偷挖番薯，老农民发现后，手持长竹竿追出来。他一路追一路骂，口干舌燥。追到家里，告了状，父亲板着脸，要顽童背一首唐诗当惩罚，《茅屋为秋风所破歌》，读到"南村群童欺我老无力"，忽然好像读懂了杜甫。在此后的一生里，记得人在生活里的艰难，记得杜甫或穷老头子，会为几根茅草或几颗地瓜"唇焦口燥"地追骂顽童。

我们都曾经是杜甫诗里欺负老阿伯的"南村群童"。在诗句中长大，知道有多少领悟和反省，懂得敬重一句诗，懂得在诗里尊重生命。

唐诗的语言和文字都太美了，让我们忘了它其实如此贴近生活。走出书斋，走出教科书，在我们的生活中，唐诗无处不在，这才是唐诗恒久而普遍的巨大影响力吧。

唐诗语言完美："停船暂借问，或恐是同乡？"可以把口语问话入诗。

唐诗文字的声音无懈可击："无边落木萧萧下，不尽长江滚滚来。"写成对联，文字结构和音韵平仄都如此平衡对称，如同天成。

在一个春天走到江南，偶遇花神庙，读到门楹上两行长联，真是美丽的句子：

风风雨雨，寒寒暖暖，处处寻寻觅觅。
莺莺燕燕，花花叶叶，卿卿暮暮朝朝。

那一对长联，霎时让我觉得骄傲，是在汉字与汉语的美丽中长大的骄傲，只有汉字、汉语可以创作这样美丽工整的句子。平仄、对仗、格律，仿佛不只是技巧，而是一个民族传下来可以进入"春天"，可以亲近"花神"的通关密语。

有"诗"，就有了美的钥匙。

我们羡慕唐代的诗人，水到渠成，活在文字与语言无限完美的时代。

张若虚的《春江花月夜》，传说里的"孤篇压倒全唐之作"，

是一个时代的序曲，这样豪迈大气，却可以这样委婉平和，使人知道"大"是如此包容，讲春天，讲江水，讲花朵，讲月光，讲夜晚，格局好大，却一无霸气。盛世，是从这样的谦逊内敛开始的吧，不懂谦逊内敛，盛世便没有厚度，只是夸大张扬，装腔作势而已吧。

王维、李白、杜甫，构成盛唐的基本核心价值，"佛""仙""圣"，古人用很精简的三个字概括了他们的美学调性。

"行到水穷处，坐看云起时"，王维是等在寺庙里的一句签，知道人世外还有天意，花自开自落，风云自去自来，不劳烦恼牵挂。经过劫难，有一天走到庙里，抽到一支签——行到水穷处，坐看云起时，那一定是上上签吧。

"我歌月徘徊，我舞影零乱"，李白是汉语诗里少有的青春闪烁，这样华美，也这样孤独，这样自我纠缠。年少时不疯狂爱一次李白，简直没有年轻过。我爱李白的时刻总觉得要走到繁华闹市读他的《将进酒》，酒楼的喧闹，奢华的一掷千金，他一直想在喧闹中唱歌，"岑夫子，丹丘生"，我总觉得他叫着："老张，老王——别闹了。""与君歌一曲，请君为我倾耳听。"在繁华的时代，在冠盖满京华的城市，他是彻底的孤独者，杜甫说对了："冠盖满京华，斯人独憔悴。"

不能彻底孤独，不会懂李白。

"诗圣"完全懂李白作为"仙"的寂寞。然而杜甫是"诗圣"，"圣"必须要回到人间，要在最卑微的人世间完成自己。

战乱、饥荒、流离失所，"朱门酒肉臭，路有冻死骨"，杜甫低头看人间的一切，看李白不屑一看的角落。"三吏""三别"，让诗回到人间，书写人间，听人间各种哭声。战乱、饥荒、流离失所，我们也要经历这些，才懂杜甫。杜诗常常等在我们生命的某个角落，在我们为李白的青春狂喜过后，忽然懂得在人世苦难前低头，懂得文学不只是自我的趾高气扬，也要这样在种种生命苦难前低头谦卑。

佛、仙、圣，组成唐诗的巅峰，也组成汉诗记忆的三种生命价值，在漫漫长途中，或佛，或仙，或圣。我们仿佛不是在读诗，而是在一点一点找到自己内在的生命元素，王维、李白、杜甫，三种生命形式都在我们身体里面，时而恬淡如云，时而长啸佯狂，时而沉重忧伤。唐诗，只读一家，当然遗憾；唐诗，只爱一家，也当然可惜。

《品味唐诗》与《感觉宋词》，是近三十年前读书会的录音，讲我自己很个人的诗词阅读乐趣。录音流出，也有人整理成文字，很多未经校订，舛误杂乱，我读起来也觉得陌生，好像不是自己说的。

悔之多年前成立有鹿文化，他一直希望重新整理出版我说"文学之美"的录音，我拖延了好几年，一方面还是不习惯语言变成文字，另一方面也觉得这些录音太个人，读书会谈谈可以，变成文字，还是有点担心会有疏漏。

悔之一再敦促，也特别再度整理，请青年作家凌性杰、黄庭钰两位校正，两位都在中学语文教学上有所关心，他们的意见是我重视的。这两册书里选读的作品多是目前台湾语文教科书的内容。如果今天台湾的青年读这些诗、这些词，除了用来考试升学，能不能让他们有更大的自由，能真正品味这些唐诗宋词之美？能不能让他们除了考试，除了注解评论，还能有更深的对诗词在美学上的人生感悟与反省？

也许，悔之有这些梦想，性杰、庭钰也有这些梦想，许多教语文的老师都有这样的梦想，让诗回到诗的本位，摆脱考试升学的压力，可以是正在成长的孩子生命里真正的"青春做伴"。

我在读书会里其实常常朗读诗词，我不觉得一定要注解。诗，最好的诠释可不可能是自己朗读的声音？

因此我重读了张若虚的《春江花月夜》，重读了白居易的《琵琶行》，一句一句，读到"江畔何人初见月？江月何年初照人？"，读到"同是天涯沦落人，相逢何必曾相识"，还是觉得动容。诗人可以这样跟江水月亮说话，可以这样跟一个过气的歌伎说话，跟孤独落魄的自己说话。这两个句子，会需要注解吗？

李商隐好像难懂一点，但是，我还是想让自己的声音环绕在他的句子中，"相见时难别亦难"，好多矛盾，好多遗憾，好多两难。那是义山诗，那也是我们每一个人的生命景况。我们有一天长大了，要经过多少次"相见"与"告别"，才终于读懂"相见时难别亦难"。不是文字难懂，是人生这样难懂，生命艰难，有诗句陪着，可以慢慢走去，慢慢读懂自己。

荷叶生时春恨生，荷叶枯时秋恨成。
深知身在情常在，怅望江头江水声。

春秋来去，生枯变灭，我们有这些诗，可以在时间的长河边，听水声悠悠。

要谢谢梁春美为唐诗宋词的录音费心，录王维的时候我不满意，几次重录，我跟春美说："要空山的感觉。"又加一句："最安静的巴赫。"自己也觉得语无伦次，但春美一定懂，这一段录音交到聆听者手中，希望带着空山里的云岚，带着松风，带着石上青苔的气息。弹琴的人走了，所以月光更好，可以坐看一片一片云的升起。

但是要录几首我最喜爱的宋词了——李煜的《浪淘沙》《虞美人》《破阵子》《相见欢》，这些几乎在儿童时就朗朗上口的词句，当时完全无法体会什么是"四十年来家国"，当时怎么可能读懂"梦里不知身是客"？每到春分，窗外雨水潺潺，从睡梦中惊醒，一晌贪欢，不知道那个遥远的南唐原来这么熟悉，不知道那个"垂泪对宫娥"的赎罪者仿佛正是自己的前世因果。"仓皇辞庙"，在父母怀抱中离开故国，我也曾经有这么大的惊惶与伤痛吗？已经匆匆过了感叹"四十年来家国"的痛了，在一晌贪欢的春雨飞花的南朝，不知道还能不能忘却在人世间久客的哀伤肉身。

每一年春天，在雨声中醒来，还是磨墨吮笔，写着一次又一次的"梦里不知身是客，一晌贪欢"，看渲染开来的水墨，宛若泪痕。我最早在青少年时读的南唐词，竟仿佛是自己留在庙里的一支签，签上诗句，斑驳漫漶，但我仍认得出那垂泪的笔迹。

亡一次国，有时只是为了让一个时代读懂几句诗吗？何等挥霍，何等惨烈，他输了江山，输了君王，输了家国，然而下一个时代，许多人从他的诗句里学会了谱写新的歌声。

宋词的关键在南唐，在亡了江山的这一位李后主身上。

南唐的"贪欢"和南唐的"梦里不知身是客"都传承在北宋

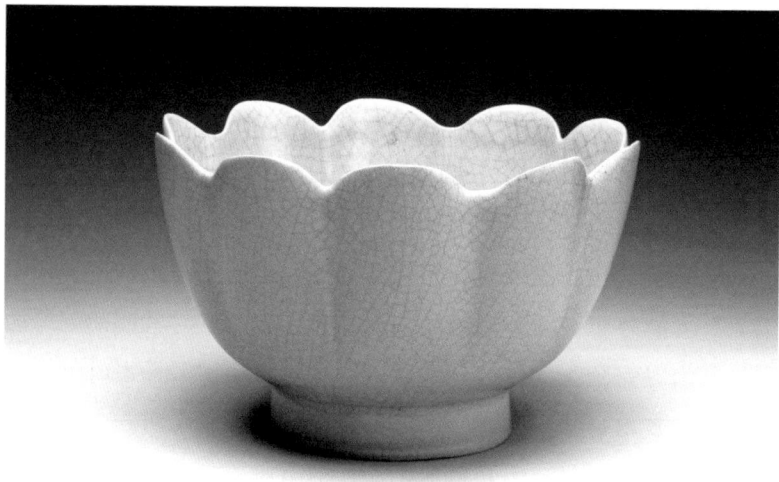

初期的文人身上。晏殊、晏幾道、欧阳修，他们的歌声里都有贪欢耽溺，也惊觉人生如梦，只是暂时的客居，贪欢只是一晌，短短梦醒，醒后犹醉，在镜子里凝视着方才的贪欢，连镜中容颜也这样陌生。"一场愁梦酒醒时""无可奈何花落去，似曾相识燕归来"，在岁月里多愁善感。晏幾道贪欢更甚，"记得小苹初见"，连酒楼艺伎身上的"两重心字罗衣"都清清楚楚，图案、形状、色彩，绣线的每一针每一线，他都记得。

　　南唐像一次梦魇，烙印在宋词身上。"落花人独立，微雨燕双飞"，唐代写不出的句子，在北宋的歌声里唱了出来。他们走不出边塞，少了异族草原牧马文化的激荡。他们多在都市中、在寻常百姓巷弄、在庭院里、在酒楼上，他们看花落去、看燕归来，他们没有唐代的诗人有野心，更多的是惆怅感伤，泪眼婆娑，跟岁月对话。他们惦记着"衣上酒痕"，惦记着"诗里字"，都不是大事，无关家国，不成"仙"，也不成"圣"，学佛修行也常常自嘲不彻底，歌声里只是他们在岁月里小小的哀乐记忆。

"白发戴花君莫笑"，我喜欢老年欧阳修的自我调侃，一个人做官还不失性情，没有一点装腔作势。

范仲淹也一样，负责国家沉重的军务国防，可以写《渔家傲》中"将军白发征夫泪"的苍老悲壮，也可以写下《苏幕遮》中"酒入愁肠，化作相思泪"这样情深柔软的句子。

也许不只是"写下"，他们生活周边有乐工，有唱歌的女子，她们唱《渔家傲》，也唱《苏幕遮》。她们手持琵琶，她们有时刻意让身边的男子忘了外面家国大事，可以为他们的歌曲写"新词"。新词是一个字一个字填进去的，一个字一个字试着从口中唱出，不断修正。"词"的主人不完全是文人，是文人、乐工和歌伎共同的创作吧。

了解"宋词"产生的环境，或许会觉得我们面前少了一个歌手。这歌手或是青春少女，手持红牙檀板缓缓倾吐柳永的"今宵酒醒何处"，或是关东大汉执铁板铿锵豪歌苏轼的"大江东去"。这当然是两种不同的美学情境，使我感觉宋词有时像邓丽君，有时像江蕙。同样一首歌，有时像酒馆爵士，有时像黑人灵歌。同样的旋律，不同歌手唱，会有不同诠释。鲍勃·迪伦（Bob

Dylan）的 *Blowin' in the Wind*（《答案在风中飘》），许多歌手都唱过，诠释方式也都不同。

面前没有了歌手，只是文字阅读，总觉得宋词少了点什么。

柳永词是特别有歌唱性的，他一生多与伶工歌伎生活在一起，《鹤冲天》里"忍把浮名，换了浅斟低唱"，"浅斟低唱"是柳词的核心。他著名的《雨霖铃》，如果没有"唱"的感觉，很难进入情境。例如一个长句——"念去去、千里烟波，暮霭沉沉楚天阔"，停在"去去"两个声音感觉一下，我相信不同的歌手会在这两个音上表达自己独特的唱法。"去去"二字夹在这里，并不合文法逻辑，但如果是声音，"去""去"两个仄声中就有千般缠绵，千般无奈，千般不舍，千般催促。这两个音挑战着歌手，歌手的唇齿肺腑都要有了颤动共鸣，"去""去"二字才能在声音里活起来。

只是文字"去去"很平板。可惜，宋词没有了歌手，我们只好自己去感觉声音。

谢恩仁校正到苏轼的《水调歌头》时，他一再问"是'只恐'？是'惟恐'？是'又恐'？"

我还是想象如果面前有歌手，让我们"听"——不是"看"《水调歌头》，此处他会如何转音？

因为柳永的"去去"，因为李清照的"寻寻觅觅，冷冷清清，凄凄惨惨戚戚"，我更期待宋词有"声音"。"声""音"不一定是"唱"，可以是"吟"，可以是"读"，可以是"念"，可以是"呻吟""泣诉"，也可以是"嚎啕""狂笑"。

也许坊间不乏有宋词的声音，但是我们或许更迫切地希望今天有一种宋词的读法，不配国乐，不故作摇头摆尾，可以让青年一代更亲近，不觉得做作古怪。

在录音室试了又试，云门舞集音乐总监梁春美说她不是文学专业，我只跟她说"希望孩子听得下去""像听德彪西，像听萨堤尔，像听伊迪丝·琵雅芙"——琵雅芙是在巴黎街头唱歌给庶民听的歌手。

"孩子听得下去"是希望能在当代汉语中找回宋词在听觉上的意义。

找不回来，该湮灭的也就湮灭吧，少数存留在图书馆让学者做研究，不干我事。

雨水刚过，就要惊蛰，是春雨潺潺的季节了，许多诗人在这乍暖还寒时候从睡梦中惊醒，留下欢欣或哀愁。我们若想听一遍"行到水穷处，坐看云起时"，想听一遍"四十年来家国，三千里地山河"，也许可以试着听听看，这两册书里许多朋友一起合作找到的唐诗宋词的声音。

地藏与莲花

野付半岛

小暑大暑间，我多离开台湾，避开岛屿的燠热焦躁。这次到北海道道东，两个星期，随意走走，没有特别目的，第一站去了野付半岛。

野付半岛突出在北海道东边沿岸，很长很长的一条狭窄的地岬上。在地图上看，像细长弯曲的虾螯，有二十八公里长的沙嘴。因此到了现场，走在窄窄的地岬沙嘴上，左望右望，两边都是海。

半岛外面的海，波涛汹涌，远远可以眺望到国后岛。国后岛，目前由俄罗斯管辖，俄语音译库纳施尔岛，是千岛群岛最南端的岛。千岛群岛南端四岛，十八世纪就是日本和俄罗斯领域的争端。从日俄战争打到第二次世界大战结束，日本从野心勃勃向外扩张的强国沦为战败国，国后岛也归属新的强国苏联管辖。一直到今天，俄罗斯、日本都对这个领域宣示主权，日本也在野付半岛和北海道各处制作大幅"北方领土""返还四岛"的政治文宣大广告牌。

我喜欢野付半岛荒凉冷漠的平旷风景，无边无际的沉默，无边无际的像死亡一样的寂静，然而却不是真正的寂静，像是割断了喉管的声带，哑哑无声，却使人惊悚着，好像荒悍里藏着各样听不见的呐喊。

海鸥叼起贝蚌，高高飞起，在高空把蚌抛掷，贝壳在岩石上摔碎，海鸥再飞下来啄食暴露的贝肉。

最初科学家提出自然史中的弱肉强食规则，或许没有想到这会成为人类在十八世纪前后"弱肉强食"的政治信仰吧。英、法、德国，都相信弱肉强食，在亚洲、美洲、非洲掠夺殖民地，屠杀人民，垄断资源，畜养奴隶。接着是俄罗斯、美国、日本，战争不断，重复说着弱肉强食的自然秩序。

野付半岛尾岱
沼开满虾夷萱
庭花

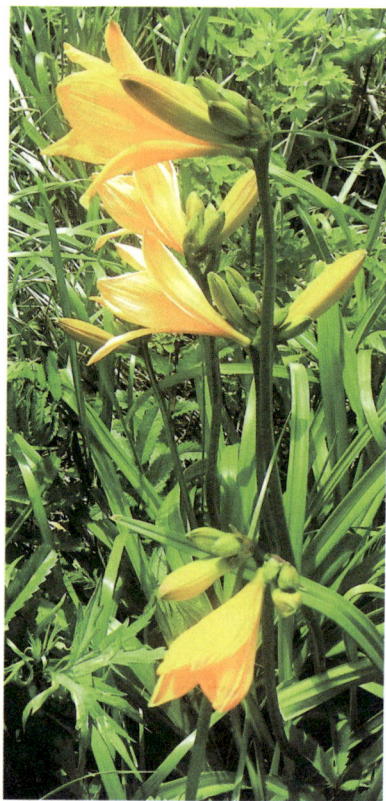

最初居住在这野付半岛的居民，当然不是俄罗斯人，也不是日本人，是当地山地人阿努伊族。一直到现在，强国都在发言。然而数世纪以来，被驱赶流离无告的人民，喉管被割断了，强势主流的世界，不容易听到他们哑哑的呐喊。

初看野付半岛，走在长长的地岬上，会被外海的惊涛骇浪吸引。外海靛蓝如墨，大浪汹涌澎湃，轰轰隆隆。即使是初夏，云层灰翳阴闭，寒风呼呼，一阵阵袭来，觉得透骨地冷。不时有迅猛的大鹰，贴着海面，展翅飞掠，电光火石，瞬间抓起大鱼，瞬间飞起，无影无踪。

鱼鹰飞掠而起，翅翼蔽天，强势者的霸气剽悍到令人震慑。据说，鹰抓起猎物，也会飞到高空，把猎物抛掷而下，让猎物摔烂在岩石上，鹰再飞下来啄食烂成一团的肉身。歌颂强势争霸的伟大，常常会忘了那一团岩石上的烂肉，是否还在颤动？是否还有最后一点体温？

受长长地岬庇护的内海，相对平和安静。水波绿黄浅青，波平浪静，看起来更像一个湖。冷杉树林在浅浅沼泽的远处，枝干虬结如蟹爪，蒙蒙迷雾，使人想起宋人画里水墨凝练的"寒林"。

因为长长地岬的阻挡，寒风大浪缓和了，野付半岛的内湾，形成了一片广大平坦的尾岱沼。

尾岱沼是生态保护区，有很长的木制步道延伸进沼泽深处。远望是一片什么都没有、光秃秃荒芜的沼地，走进去却发现各种植物、动物在繁衍。有人用望远镜远远观察丹顶鹤，我却着迷于遍地野生千代荻的明亮的黄，虾夷禅庭花橘色的饱满愉悦平平展开，铺成一片。

沙嘴形成的沼泽湿地，孕育了无数小小的生命在此栖息，生生灭灭，繁殖蔓延。

此地的阿努伊族过去被称为"虾夷"，是俘虏，也是奴隶，极度被主流社会歧视。在人类强势争霸的历史中，其实很难领悟一片沼泽被保护的真正意义吧？保护的真正意义是还原自然吗？是给予自由吗？是尊重生命在自然里生存的秩序与规则吗？

看着地上被抛掷、摔碎的贝壳，肉体早被吃光，残余碎裂的贝壳，被日光炙晒，被强风袭击，被寒冰压迫，变得惨白如枯骨，触目惊心。

在弱肉强食的殖民历史中，台湾也始终是强权口中的"弱肉"吧？然而，台湾主流社会对待目前弱势的山地人，对待东南亚移工、外劳，对待外籍新娘，这些比我们更弱势者，是不是也还惯用弱肉强食的规则？

屈斜路湖

北海道东部的野付半岛、知床半岛都沿海，如果往内陆走，有原始林，有山，有湖，又是另一种风景。

屈斜路湖来了很多次，湖很大，有将近八十平方公里，是日本第一大破火山口湖，在世界上也排名第二。沿岸风景变化万千，森林、溪流、温泉都好。南端的川汤、砂汤两地都因温泉命名。

砂汤在湖边、沙岸上冒着烟，随意浅刨，就有热汤涌出。这使我想起三十年前的知本溪，河床里也还是遍布泉口，当地的部落居民常常挖一个坑，一家人就在坑里裸汤。知本后来变成知名观光景点，温泉被外来财团霸占，山地人部落的传统生活领域成为商品，被高价贩卖，部落山地人与大自然世代单纯和谐的生活伦理也被破坏殆尽。

川汤靠近和琴半岛，湖岸也是一个接一个的温泉。粗粗用石块圈围，就成一汤，有时用一石屏间隔，一边男汤，一边女汤，无人管理，不收费，却干净清幽。泡在汤池中，眼前一带如梦似幻的湖景，雾霭茫茫，仿佛就在画中。

雌阿寒岳也在屈斜路湖附近，山下还有小小安静的五色沼，湖边有主要供登山客休憩住宿的野中温泉民宿。建筑简陋，房间没有卫浴，但户外风吕很好，粗粗用石砌成，汤池四周围绕整片冷杉林木，汤池热烟缭绕，林木山岚氤氲，自去自来，是莫大享受。

雌阿寒岳山下的五色沼，不大的一个湖，绕湖一周慢慢走，大概也只要一小时。湖水安静清浅，可以远眺雌阿寒岳。

我来了两次，上次是去年初秋，树叶正从绿色转褐黄、转绛红，多样色彩倒映湖中，与夕阳山岳金紫红褐的光重叠融涣，色彩缤纷的光，在湖面缓缓流动，这是"五色沼"名称的来由吧。

这次六月下旬来，天气过了初夏，但山里像还是初春，早晚有雾，树木冒出嫩绿新芽，单纯干净，湖水透明，水草晃漾，没有入秋时那么多彩缤纷，却特别安静，使人想在湖边多坐一会儿，听微微风声，听水流潺湲琮琤，可以遗忘许多事。

想起王维的句子"晚年唯好静，万事不关心"，回到纯粹的自然，看山看水，不只是忘了人事纷纭，也常常连历史都忘了。

年轻时看风景，总仿佛要有古人诗句点注，似乎没有诗句，就没有山水可看。

　　山水里有太多历史，引经据典，会不会已与真正的山水无关了？像过去游西湖，总是要索寻历史记忆，总是有诗句要跑出来，"淡妆""浓抹"，山和水都不纯粹了，像是有人在耳边喋喋不休，风景里都是杂音。

　　王维从政治的牢狱出来，孤独走在辋川，"万事不关心"，是不是领悟了人世荒谬瓜葛，啼笑皆非？他走在辋川，行到水穷，坐看云起，他想彻底好好忘掉一次历史吧。人世纷纭都远，才看

得到真正的山水。

　　北海道的几个湖都好，屈斜路湖、摩周湖、支笏湖、网走湖、五色沼，或大或小，各有各的特点。有名人来过，但毕竟历史短，风景里也不太有名人造作，题句立碑，风景纯粹干净。没有联想，没有干扰，山单纯是山，水单纯是水，风景还原给自然，不牵绊太多历史记忆，没有知识的纷杂，没有负担，旅程其实更轻松自在。

五色沼湖边没有什么建筑物，只有一间简单茶室，名字也用"五色沼"。室内几张桌子，室外也散置桌椅，供人欣赏湖景。

茶室由一对老夫妇经营，供应简单的荞麦面等，配腌渍小菜。妇人在厨房忙，男主人跑外场。客人不多，男主人热络，跟我介绍那碟腌渍小菜。

小菜是植物的茎干，有两指粗细，中空，切成手指长短，用酱料煮过。在民宿早餐，也常吃到这碟小菜，初看以为是西洋芹，有明显的纤维组织，以为是脆硬的，入口却细嫩柔软，口感绵密清润。

茶室主人热心介绍说："fuki——fuki——"

他见我不懂，又跑进厨房，拿出像雨伞一样的长柄大叶片。把柄立在地上，这一根植物竟然比他还高，叶片如伞盖，在他头上招摇。

他很开心做这样的展示吧，还拿出足寄当地的一本观光小册子，封面就是一高大男人手持这伞盖，伞盖还是高过人头。

这次来，茶室主人不记得我去年九月下旬来过，他又像上次一样，很热心地介绍，拿出粗壮的长柄叶片说："fuki——fuki——"依然是伞盖在头顶招摇，仿佛希望我知道这是多么可爱的草，长到这么大，可以当雨伞，又可以吃。

两次他都这样演出，我觉得应该有责任回报一下茶室主人的热心，便发了短信给嫁到静冈的邱，问她"fuki"是什么。

我在户外露天椅子上坐着看湖水，点了抹茶。茶室主人端来一个近椭圆形的红色托盘。托盘上一杯湖绿抹茶，刚搅拌过，点点茶泡，像青翠浮萍，也像湖面浮沫。绿茶盛装在秋香色带灰的

蕗

瓷杯里，沉着又一片清新。旁边一方天蓝小碟，放三块指头大葛粉甜食，浅青有点透光。一个竹制的叉子，一杯清水。我看了很久，器物不是昂贵的珍物，但配搭如此，有讲究，也随意，是荒野湖畔茶室素净又悠长的品格。没有千言万语，我心中合十，感谢这茶室带给我不经意的庄重宁静。

静冈的邱很快发来短信，"fuki"是蕗，可以食用的草本植物，她附带说：家中院子就有。开白花、开黄花两种。孩子不喜欢太重的腌渍口味，也就少用来佐餐。

我上网查了查，查到蕗，查到石蕗，有点像，又不像，没有茶室主人秀给我看的那么如伞盖般的巨大。

从蕗，无意间查到蜂斗菜，有人在日本市场拍了照片，它一捆一捆当蔬菜卖，茎干结实，看来很近似了，却还不确定。

把这些短信放到脸书上，很快就有朋友告知各种讯息。有人说，蕗是日文汉字，中文是蜂斗菜。另一则讯息指出，北海道足寄一带有一种特别高大的蕗，命名为"秋田蕗"。这正是茶室主人两次热心秀给我看的品种，可以长到两三米高。茶室主人不厌其烦，津津乐道，要让外地游客认识他故乡特别的植物和料理。

有人提醒，宫崎骏的《龙猫》就曾经画过这拿在手中当雨伞的"蕗"。

《龙猫》我看了很多次，没有特别注意当雨伞的蕗草，也许看的时候，理所当然觉得那是姑婆芋的叶子吧。我的童年，无论大太阳或雨天，都摘一片路旁硕大的姑婆芋叶，遮阳或当雨伞。我记忆的是姑婆芋，宫崎骏记忆的是秋田蕗。

我们总是记忆着自己的童年，记忆着透过阳光青青叶脉的迷

离，和下雨时姑婆芋大叶片上点点滴滴、叮叮咚咚的声音。

因为茶室主人的热心，我串联起许多有关"蕗"的讯息，来来往往，发现不只是足寄，走遍北海道各处，山林野地路旁到处都是野生的"蕗"。直径有五十厘米的圆圆的叶子，梗茎接头的地方像如意弯转，也像古代云头纹饰。从不认识到认识，原来陌生不关心的一种草，好像忽然熟悉起来，这一片原来不相干的山野风景好像也突然有了特殊的缘分。

离开茶室，到濑户濑温泉，在路的尽头是伐木林，堆着许多新斩伐待运走的杉木。这里已经很荒僻，入秋后就封山，只有一间极简陋民宿，已是七月初夏，院子里却还开着红艳的芍药。

我一路散步，看巨大蕗草叶子上的毛虫，毛虫蠕动，啮食叶片，叶片边缘有棱，像锯齿，毛虫避开，只啮食中间幼嫩柔软的部分。看起来速度不快，但一会儿的工夫，叶子就被吃掉一大块。

一路看蕗，叶片上有毛虫，也有白粉蝶。不知吃了多少蕗草叶子，不知多久从蛹孵化。那只白蝶，静静停在叶片上，仿佛似曾相识，让它若有所思。

地藏和大贺莲

网走湖边住宿一夜，回东京，住在日暮里。记得上一次住这里，在附近下町一带乱走，无意间经过灵园墓地，穿过一块块石碑，忽然看到"芥川龙之介"几个字。心里愣了一下，想起《竹林中》，想起《罗生门》，想起《河童》，想起《地狱变》，想起《傻子的一生》，想起大正那个美丽又感伤的时代，想起文人瘦削如鬼魂，阴郁死去。

那一次我很错愕，没有想到无缘由就这样跟芥川偶遇，墓前合十敬拜，匆匆离开，在小巷弄找到一家小餐馆，吃了五目釜饭。

想起七月二十四日是芥川忌日，有点刻意想要找他的墓追思祭奠。次日起了一大早，匆匆往一墓园去，没有留意，走错了方向，找到的是谷中灵园，不是芥川墓所在的慈眼寺。

谷中灵园旁有天王寺，寺门刚开，青年僧侣正拿扫帚扫落叶，头皮青青。远望禅堂佛殿巍峨，我忘了要找芥川墓的事，进寺去膜拜。

旭日初升，一线金黄的曙光，像特意的照明，正正照亮一尊地藏菩萨的像。是一块六面的石雕，六面刻同样的地藏，手持禅杖，站立在莲台上，脸上微微笑着。

地藏是日本民间的普遍信仰，尤其在灵园墓地，更是常见。地藏手持禅杖，敲打地狱之门，发了宏愿：地狱不空，誓不成佛。因此地藏生生世世，守在地狱门口，护佑着死亡恐惧中受苦的生命吗？他立在灵场，也就仿佛听到不断击打地狱之门的声音，成为一种永恒的救赎吧。

我想起芥川《地狱变》里让我惊悚的画面：父亲把盛装的女儿绑在华丽轿中焚烧，烈焰冲天，父亲在一旁勾画下他"地狱"变相图最后的画面。

地藏与莲花 | 097

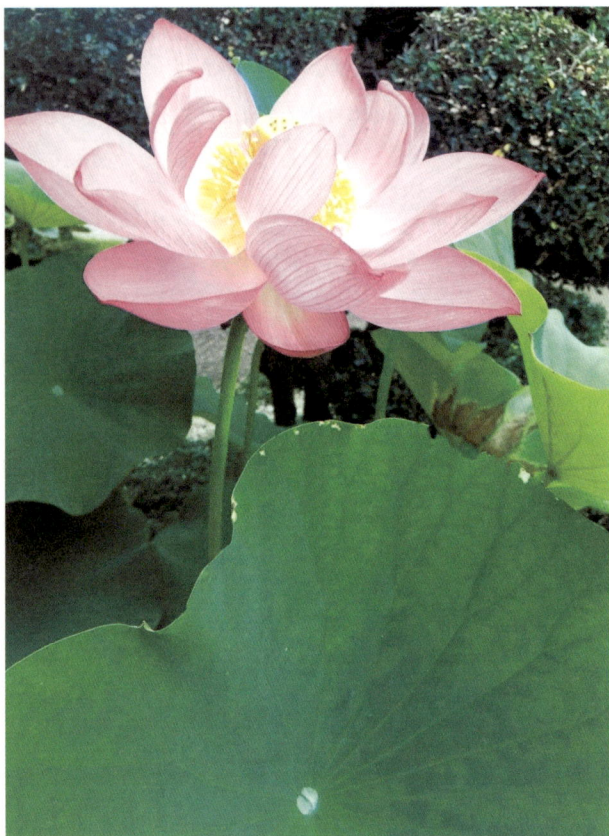

也许因为初日的明亮，地藏脸上的微笑如此温暖，世事纷纭，可以这样一无旁顾，只有微笑，关照四方，沉默无一言语，使我深深敬礼。

寺庙院落用大缸栽植了莲花，和附近上野公园不忍池的大贺莲是同样品种。

大贺莲因大贺一郎（一八八三——一九六五）得名。大贺一郎是生物学家，曾经在中国东北十多年，研究大连普兰店遗址的千年莲子，精研植物基因。据说他曾得到孙逸仙带到日本的普兰店的古代莲子，成功培育开花。

大贺一郎更著名的研究是一九五一年培育千叶县三粒古代莲子，这三粒莲子经碳十四鉴定都是两千年前的种子。其中一粒经大贺一郎培育，成功开花，此后结实繁衍，因此称为"大贺莲"。

大贺一郎使两千年前的莲子重新发芽，好像不只是科学界的大事，媒体报道也如此令俗世大众兴奋动容。

生命在一粒种子里的蛰伏如此长久，令人惊叹。

想象自己，在黑暗封闭、不见天日的孤寂里蜷缩着，等待呼唤，等待苏醒，等待一线阳光照亮，我也可以吗？

是多么大的愿力？是多么坚定顽强的信仰？千年漫长的黑暗与孤寂，没有声音，没有呼吸、心跳，一粒种子，依靠什么力量，可以冲破硬壳，可以发芽，可以开花，可以繁衍？

一朵莲花，在埃及绘画中开在灵界冥河上；一朵莲花，在古老印度成为修行终极的象征；一朵莲花，在古老的中国是文人的精神信仰。大贺莲的一粒种子，传递着生命的讯息，仿佛比许多言语更精确，比许多文字更具说服力，沉默无语，启发世世代代的生命。

久远劫来，流浪生死，一世一世，我们是否也像一粒莲子，也在等待：漫长孤寂之后，会有生命重生的领悟？

旅途中想起自杀的芥川，不知他墓地旁是否也开满了初夏的花？

木扉·虫痕

京都知恩院到青莲院的路上，我看到好几棵巨大的樟木。树的主干都有两三人合抱的径围，连四处飞张的分枝杈丫也都粗壮有力，如龙蛇盘曲虬结。在初夏蓊郁青苍的绿荫中穿梭飞腾，走过的人都抬头观看赞叹。

　　知恩院正在整修大殿，无法进去参观。我绕到后院，在僻静角落有一方池塘，游客稀少，水塘里浮映出天光云影。云的影子是一团微微发亮的金灰，一株枫树斜斜伸向水面，枫树的阴影下躲着一只栖息的苍鹭。或许被脚步声惊动，它正缓缓踱步移动，四周荡起一圈细细的涟漪。灰绿色的天光云影摇动晃漾，苍鹭羽毛浅浅灰蓝的光泽，都像一幅老旧有岁月的缂丝，从宋代传到今天，任凭星月流转，任凭兵荒马乱喧嚣，丝面仍然如水，流淌荡漾着岁月安静沉稳华美的光。

　　青莲院在知恩院附近，原来有皇室驻跸过，被称为京都寺院里的五大"门迹"之一。

　　青莲院游客颇多。面对庭院的主要楣门，有人浏览欣赏门扉上新画的莲花莲叶装饰，有人静坐石庭前，望着阶下一簇青苔发呆，像是静观南朝书迹里的一方墨晕。

　　青莲院范围颇大，沿着石庭、丛林、水池，有廊道连串几个主建筑。庭院后方的"宸殿"，游客少，寂静素朴。或许也曾经有过喧哗缤纷吧，岁月剥蚀漫漶，木扉彩漆退落，只留下少数的花卉，以及一两只蛤粉填绘的白色蝴蝶，仿佛在木纹间仍然努力振翅欲飞。

　　岁月这样逝去，大部分游客来青莲院看秋日红枫，也可能错过了这初夏寂静的苍翠吧。

我们匆匆来去，总是错过了什么。

像我差一点错过宸殿转角的一处木扉。

木扉上彩漆尽落，还原成木质纹理宛然的一片木材，纹理中也都仿佛听得到风声、雨声、蛀虫的啃蚀沙沙声。木扉也还在时间中经历成、住、坏、空。

蠹虫蛀蚀，木纹上留下被虫啃蚀的斑驳痕迹，整修复建时，有人刻意留了下来，没有换掉。我差点错过了，却仿佛是因为王羲之，因为他手帖里的两个字，召唤我停下来，细看蠹虫的痕迹，细看岁月这样经营记忆。南朝手帖多"奈何""奈何"二字，重复写了太多次，手帖里的"奈何"也常常像蠹虫长年的啃蚀，别无含义，只是天地间一抹荒凉的线条罢了。

书法写在脆弱的纸绢上，通过时间的劫难磨损，记录岁月时光。不懂时间荒凉，离书法的领悟还甚远吧。

那是青莲院木扉上的虫蚀留下的书法，点捺顿挫都在，没有错过，仿佛跟南朝王谢子弟擦肩而过，云淡风轻，也只是侥幸淡淡一笑。

频有哀祸

大阪市立美术馆在做中日书法展，有难得一见的王羲之《频有哀祸帖》和《孔侍中帖》，也有王献之的《地黄汤帖》。

王羲之的手帖多是朋友间往来书信，寥寥数语，文字多精简如今日短讯。《频有哀祸帖》仅仅二十个字：

频有哀祸，悲摧切割，不能自胜，奈何奈何！省慰增感。

王羲之的书信被限制在"书法"框架中，使人忘了那墨迹背后血泪斑斑的历史。王羲之的《姨母帖》报告姨母的死亡，王羲之的《丧乱帖》讲山东故乡祖坟的刨掘荼毒。他的书信不断述说着大战乱里亲人的流亡离散。拿着毛笔的手，若只是一味炫耀自我，炫耀书写技术，书法的格局何其小器。

"频有哀祸"，王羲之是在传述巨大战乱中人的伤亡流离吧。

一般传记多认为王羲之生在三〇三年，三一一年发生永嘉之乱，汉族文明受到北方游牧民族的侵扰。那是北方汉族士绅大量南迁的时代，童年的王羲之也随家人从故乡山东向南逃亡，他的伯父正是辅佐司马睿在南京即位，建立东晋政权，稳定了南方局势的王导。

王羲之六七岁时开始启蒙受教育，正是拿起笔来学习书写的年龄。

这个六岁的孩子，从书写开始，看到、听到的，就是不断的"丧乱"事件，他仿佛一生都在用笔书写着战乱流亡中他看到与听到的"频有哀祸"吧。

"频有哀祸，悲摧切割"，悲，摧，切，割，这是王羲之书信里常见的用字，不是书法，是四个可以把生命撞得粉碎的铁锤的敲击。王羲之的书法优雅吗？他在《丧乱帖》里用的句子是"痛贯心肝"。是痛，痛到被摧毁，被切开，被割裂；痛到心肠寸断；痛到"号慕摧绝"。王羲之这样书写他的时代。

他无法承担这时代的大劫难，他从不故作英雄悲壮，他总是说"不能自胜""情不自胜"，这样无助无力，他重复着一次又一次的慨叹"奈何""奈何"。

王羲之书帖里最常重复的"奈何",千变万化,有时不再是汉字,而是一个荒凉的符号,一种声音,像南朝在荒山里独自一人放情的长啸,高亢凄厉,却没有词句,也不是歌声;像青莲院老旧木扉上留下的蠹虫的蛀蚀痕迹。

《频有哀祸帖》和《孔侍中帖》原来应该是两封不同时间的书信,这些书信后来成为历史文件,也成为后代临摹书法的模板,被收存珍藏。隔了数百年,王羲之的书帖在唐代有大量摹本,用硬黄纸,双钩填墨,做出复制品,日本当时留学长安的僧人带了一些回到京都奈良。流到日本的王羲之唐摹本很多,包括《丧乱帖》《频有哀祸帖》《孔侍中帖》《忧悬帖》,这些书帖被皇室珍藏,《频有哀祸帖》《孔侍中帖》《忧悬帖》,这三封书帖被裱装在一起,中间还有"延历敕定"的三方皇室印记。

"延历敕定"是桓武天皇(七三七—八〇六)的收藏印,是鉴定唐摹本二王书法的依据。传到日本的《丧乱》《得示》《二谢》三帖也有这方印记,是同一时间东传日本的作品。

大阪美术馆的书法展览人山人海,排队观赏的群众绕了好几圈,估计要排一个小时才进得去。幸好维持秩序的义工告知有"外国游客礼遇",让我们立刻免除排队,并直接引领我们到第一个展厅。

第一个展厅里有许多南北朝时期的手抄经卷,引起我兴趣的是一卷《大智度论》,鸠摩罗什译本,传说是龙树菩萨所述,但争议很大,也有人认为是原始经典加入了鸠摩罗什翻译时自己的论述批注。

李柏文书

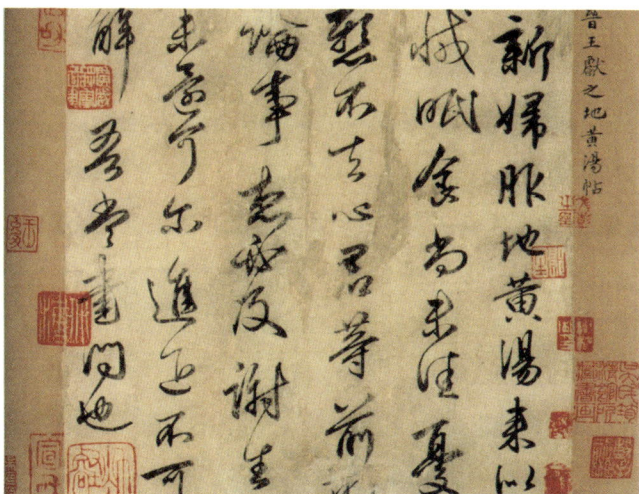

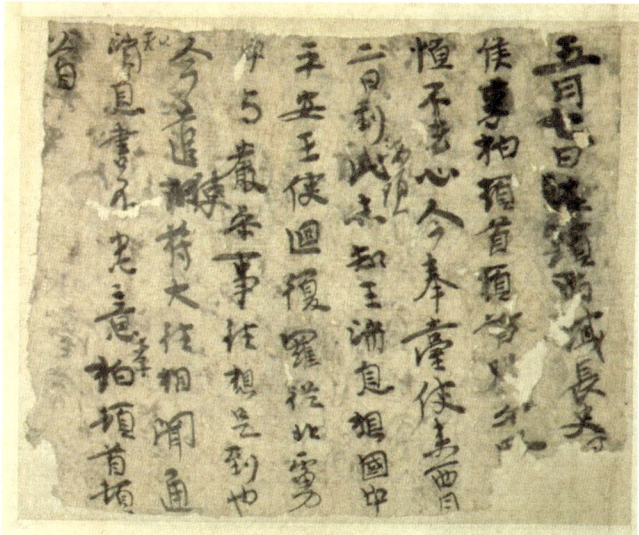

《大智度论》手抄本字体明显带有隶书的风格，蚕头，雁尾，横向笔画的波磔特别被强调，使人想起汉代居延一带竹简木简上书风的大气磅礴，仿佛饱满紧绷的弓弦，左右开张，力劲十足。

抄经用书法，却不同于书法。抄经一念专注于修行，若是念头里有炫耀书写的表现，自然不够纯粹，不够专一。弘一晚年抄经，炉火纯青，没有一点杂念，没有一点自我夸耀，放下了"我相"，使人看到的只有屏息凝神，一念虔诚。那是修行者的艰难，是墨迹，也是血痕。

书法展中以抄经开端，使人回到汉字的端正，可以诚意正心，放下"我相"的执着。

展场的第一件作品是《李柏文书》。这是西晋残纸，晋人纸本手迹传到今日，大概是最重要的文件了。这件目前收存在日本龙谷大学的墨迹文件显示出日本对汉字的重视。我在写《手帖——南朝岁月》时也以这件作品做书帖的起源。李柏是前凉派驻在西域的长史，一个边疆官吏向中央报告的书信，也不完全是文人喜欢说的"书法"，但在汉字文件历史上弥足珍贵，可以看到此后《平复帖》到二王诸帖最早的书法源头。

书法大概要不时回到"汉字"的各种可能，"文告""书信""抄经"都是汉字，也都与书法史息息相关。那么，汉字在今天，将以何等面貌出现？书法在哪里？值得深思。

地黄汤帖

王羲之的《孔侍中帖》是国宝级珍品，纸质脆弱，不能展出太久，替换它的是王献之的《地黄汤帖》。

我在《手帖——南朝岁月》一书里很多次谈到王献之。这个"书圣"最小的儿子，在父亲盛名压力之下，开创出自己的书写面貌，把父亲用笔的内敛、含蓄，一变而成为向外的拓展。所谓的变"内撅"为"外拓"。

"内撅""外拓"还是抽象词汇，刚好这次展出的《孔侍中帖》和《地黄汤帖》都有连写的"想必"二字，我就撷取出来，让自己反复揣摩，这两个同样汉字的"想必"在书法用笔上有什么不同。

王羲之的"想""必"二字断开，没有连笔；王献之则很明显，"想必"二字连笔牵丝，在视觉上牵连出很多流动闪烁的光芒线条，形成他与父亲的稳定温和不同的风格。王羲之幼时随家族南迁，是"外省"的第二代，成长于还未脱离战争阴影的南方。他最小的儿子献之已是南迁稳定后出生的第三代（三四四年），不像父亲有那么多丧乱记忆，也没有那么多在哀祸中隐忍的内敛。我喜欢王献之洋溢的年轻洒脱，甚至他的狂放不羁，他对顶头上司谢安也一样出言不逊。《手帖——南朝岁月》里写到他顶撞谢安，其实是谢安有意挑衅，谢安问王献之："你跟你父亲的书法谁好？"

这问题不好回答，也容易变成尊师重道的敷衍。

我喜欢王献之的简单回复："固当不同。"

"我跟父亲风格不同，无法比较，没有好与不好的问题。"

谢安咄咄逼人，说："外人不这样说。"

这句话有恶意，要用世俗飞短流长的八卦打击王献之。王献之却不示弱，回答一句："外人哪得知。"

"外行人哪里会懂。"

这句话让搞政治的谢安一脸难堪，搞政治搞到要插手美学评断，王献之就不客气地挡回去，把谢安也一并归入"外行"。

《地黄汤帖》也是书信，写新婚的妻子服用地黄汤药后好些了，睡眠、消化却还没有改善。信的后段讲到"谢生"颇有微词，笔法也更放纵撒野，已经是锋芒毕露的书风了。

空海

空海的书法也是这次展览的重点，相信大多数日本观众，更关注日本历史上弘法大师的书法真迹吧。

空海是日本真言宗开山祖师，我去过很多次他创建的高野山道场，住过他开光的"清净心院"，参拜他创立的"金刚峰寺"，也参拜他圆寂后的御影堂。大殿上空无一物，窗扉全开，殿后直接一片苍苍松柏丛林，风声树影，满目青翠，知道这是修行者无所不在的音容笑貌，我合掌恭敬致意。

这次展出的空海作品有行楷的《聋瞽指归》《风信帖》，有草书的《崔子玉座右铭》。空海在延历二十三年（八〇四年）赴长安青龙寺修密宗，后回日本创立密教真言宗。他在长安停留的时间只有两年，每次看到他的书法，我都想到佛学上说的"夙慧"。仿佛他的修行不是这一世的修行，否则很难想象他不只是通佛法，仅仅在书体上，他就可以通篆、隶、行、草，还通古梵文。很难从正常人的学习看一位高僧大德的成就。

空海的书迹多在寺院，这次集中在一起，更可见他多种书体的功力。《风信帖》是一封书信，无论字体风格和文句词汇，都明显受二王和南朝书帖的影响。

我注意到的是他在约八二〇年用草书写的《崔子玉座右铭》，这件作品现存高野山宝龟院。崔子玉是汉朝的崔瑗（七八——一四三），曾经为哥哥报仇，手刃仇敌后亡命浪迹天涯，写下有名的"座右铭"。空海显然颇有感触，用极美的线条书写我们熟悉的句子："无道人之短，无说己之长。施人慎勿念，受施慎勿忘。"从小耳熟能详的句子，却是用一般人不熟悉的草书书写。我读着读着，想象着幼年时家中长辈教导背诵"座右铭"，家家户户儿童朗朗上口。在长达半世纪以上的岁月里，"无道人之短，无说己之长"真的成为"座右铭"，如此深深记忆着，每当不慎动怒要说出别人的"不是"，都会再次想到这么简单的句子，因此可以慎重自己的语言。

在日本的书法展里，我再次被空海的书写震动了。去到长安学习的僧侣，如何像一个初学的孩子，端正慎重，写下崔瑗的句子？汉朝的崔瑗，到唐朝的空海，"座右铭"传承的只是书法吗？还是发人深省的自我觉悟？

如果日日说他人短处，惹是生非，书写的意义何在？

把视觉聚焦在"说己之长"，再聚焦至"说己"二字，纸上墨痕如烟，岁月里的虫蚀、风雨尘渍，仿佛除了书法，看到更多时间的繁华与荒凉。

我又想起青莲院木扉上宛若墨痕的虫蚁的啃蚀。

看着书法，天地之大，知道虫痕鸟迹兽足，无非蛇惊鸾飞，也都可以入书谱。若不自囿于俗世书匠，自然可以狂啸高歌，没有什么拘泥挂碍。

左一丰臣秀吉
日暮之庭的石
棋盘

右一空海大师
《崔子玉座右
铭》——无道人
之短,无说己
之长(局部)

　　离开大阪美术馆的书法展场,乘车上山,回到客寓的有马温泉。一路落日暮色相随,青枫蝉嘶都入眼入耳,也都随山风逝去。若不回头,身后原无一物,只是自己妄想吧。

　　我住的客栈是简朴的民间招待所,食宿都不奢华,但位置很好,在有马最高处,恰好可以远眺层层山峰外一轮红红落日。据说丰臣秀吉也特别爱看枫红季节此地的落日,瑞宝寺门迹前还留有秀吉停留的"日暮之庭"。庭中有一盘石凿的棋盘,是秀吉当年下棋处。盘上经纬线还很清晰,棋盘四角已多残破,岁月久远,当年叱咤征战的输赢胜负自然也乏人关心了。

藤田嗣治

藤田嗣治

二〇一八年的春天，我在巴黎马约尔美术馆（Musée Maillol）看了藤田嗣治（Léonard Tsuguharu Foujita）的回顾展。这是他逝世五十年的纪念展，主要展示他收藏在欧洲的许多画作。二〇一八年的秋天，一直到十月，在东京都美术馆也有藤田嗣治的大型展览，作品不完全相同，应该有许多他留在日本的作品，包括他在第二次世界大战期间为日本军方画的战争画。两个展览加起来，也许才看得到这位横跨两个国家、两种完全不同文化的创作者一生的全貌吧。

一八八六年嗣治生于日本官僚士绅家庭。他的父亲藤田嗣章是明治、大正年间的高阶军医，曾经担任日本占据台湾时的台湾守备混成旅团的军医部长，他在北投创立的"台北陆军卫戍疗养院"，至今还是军中精神医疗的中心。

藤田出身在这样传统的官僚士绅家庭，他的父亲在大正元年（一九一二年）又调到被日本占领的朝鲜任总督府医院长，殖民帝国、军方的威权，加上东方父权的威严，究竟在这位创作者身上发生了多少影响？

在巴黎的展览中有一幅他画的父亲的肖像，面容严肃，神态端正，衣着规矩。藤田甚至用传统东方祖先图像中全正面接近等身大小的方式来处理这件作品，这里面透露了东方父权和家族不可违抗的尊严力量。在这样的士绅阶级家庭长大，藤田的内在其实存在着保守而又拘谨的伦理教条吧。

他爱上了艺术。他最初的美术绘画训练，学习的是纯粹的日本传统工笔重彩的方法。他画的禽鸟花卉屏风，细笔勾勒，有来自宋画格物写生的严谨，工笔花鸟，贴上金箔，矿物颜料；又有唐人宫廷的富贵华丽。这是日本狩野派的传承，也许认识藤田，首先应该从他这样古典的东方美学基础开始吧。

藤田在日本中学毕业后，就迫切想到欧洲学习美术。他的父亲为此请教了同样是军医的著名作家森鸥外。森鸥外有在欧洲学习的经验，也在台湾担任过医官，算是嗣章非常亲近的同僚。森鸥外建议嗣治先在日本读完大学再出国，因此嗣治才放弃了赴欧洲的计划，就读了东京美术学校[1]，在日本正规的学院接受美术训练。

他在学院的老师是黑田清辉。黑田是把欧洲十九世纪的古典学院技法带进日本，建立日本西洋画美术学院风格的先驱。藤田并不喜欢黑田的画风，他的身上似乎存在着比黑田更复杂矛盾的元素。作为全新的一代，他试图要摆脱的会不会恰恰好是他身上过多的古典规矩？

一九一二年嗣治和鸨田登美子结婚，他们很快去了巴黎。这段婚姻没有维持很久，去了巴黎之后的嗣治好像突然发现自己的内在藏着另一个自己，狂野的，自由的。外在看起来是严肃规矩的东方古典，内在却是急于爆发的火山，他要挣脱父权、官僚、士绅的家族基因，他要彻底从规矩中解放自己。嗣治初到巴黎不久，欧洲就经历了第一次世界大战。一九一八年，战争结束，嗣治的内在也仿佛经历了一次翻天覆地的世界大战。

巴黎使嗣治脱胎换骨。战争结束后，他成为充满活力的蒙巴纳斯（Montparnasse）画派艺术圈中的一名活跃成员，在战后的"疯狂年代"（Les Années Folles）出入于圆顶咖啡馆（La Coupole），穿梭于化妆派对：齐额妹妹头，圆眼镜，小胡子，

1　创立于 1887 年，为东京艺术大学的前身，李叔同也曾在此就读。

藤田嗣治与鸨田登美子结婚照

大耳环，奇装异服。如果拿两个时期的照片来对比，日本时期的嗣治，巴黎的嗣治，竟很难认得出是同一个人。

但的确是同一个人，自由、狂野、搞怪、叛逆，仿佛对抗着身体里长久以来规规矩矩的礼教伪装，他想解放自己身上层层捆绑的拘谨束缚。

巴黎经历了一次世界大战，毁灭之后，这座现代城市仿佛要为战争的幸存狂欢。时代的集体疯狂燃烧着巴黎，疯狂、解放，也冲击着嗣治。他试着剥除外在的拘束，他想看看内在真实的自己是什么样子。

嗣治开始创作自己的绘画了，不是传统狩野派，不是黑田清辉，也不是巴黎的学院。他迷恋着巴黎的女人，他和日本妻子离婚，结交模特、欢场女子。他的画里出现令人迷惑的巴黎女人，裸体，或穿着入时，斜躺在卧榻上，雪白的肌肤，大大的眼睛瞪视着看她的人。那么西方，又那么东方，美丽、优雅，又充满肉体的诱惑。

二十世纪二十年代，嗣治住在巴黎塞纳－马恩省河左岸的蒙巴纳斯。这个小区是当时画家、创作者的活跃中心，不只是法国艺术家，世界各地的艺术创作者都在这里聚集。

蒙巴纳斯像一个美丽的族谱，不只毕加索在这里画画，科克托（Jean Cocteau）在这里实验戏剧，阿波利奈尔（Guillaume Apollinaire）在这里写诗，萨蒂（Erik Satie）在这里作曲，海明威在这里写小说，邓肯（Isadora Duncan）在这里舞蹈……这是一个世界性的美学族谱，有从西班牙来的毕加索，有从美国来的海明威、邓肯，有来自意大利的莫迪利亚尼（Amedeo Modigliani），有来自波罗的海白俄罗斯的苏丁（Chaim Soutine）、夏卡尔（Marc Chagall），有来自日本的藤田嗣治……

什么是"蒙巴纳斯画派"？什么是"巴黎画派"？

他们其实风格各异，有印象派，有立体派，有野兽派，也有许多无法归类，只是诚实于他们自己的创作，像莫迪利亚尼，像苏丁，像藤田嗣治。

夹在两次世界大战之间，"巴黎画派"只是一个城市虚构的美学向往吧？让来自世界各地的艺术家聚在这里，一起生活，一起创作。巴黎提供了一个完全自由包容的环境，让不同文化背景的创作者在这里会聚，享受短暂的和平与繁华。

这一群画家，因为住在蒙巴纳斯，所以被称为"蒙巴纳斯画派"；因为在巴黎，所以被称为"巴黎画派"。他们来自不同文化、不同背景，在这里都被尊重，每一位创作者都带着自己的母体文化或特殊的个人记忆进入巴黎。他们并不信仰同一种美学，他们也技法各异，各人用自己独特的方式完成自己。

然而他们都被接纳了，那是一个伟大城市的远见与视野。他们共同缔造了巴黎，他们共同丰富了巴黎文化的多元性格与创造活力。在这个城市，在蒙巴纳斯，没有人被视为"异类"。嗣治像被疼爱的东方宠物，他被同伴亲昵地称为"Foufou"。他常常穿日本和服上街，留着小胡子，戴大圈耳环，有时还自制希腊古装与同伴携手游街。

　　巴黎接纳各种异文化，"奇"装"异"服被赞赏，自我的认可、自我的表现、自我的标新立异都被接纳。夹在两次世界大战之间，"疯狂年代"的巴黎仿佛是毁灭里的一段狂欢嘉年华，世界的精英在这里恋爱、生活、画画、写诗、玩戏剧、跳舞。很难想象，在日本一本正经的嗣治竟然在巴黎赤脚和邓肯（Raymond Duncan）[1]学现代舞！

　　蒙巴纳斯至今还流传着神话般的故事。他们没有一头钻进绘画技法里变成呆板画匠，他们的生活故事和创作不可分。走在蒙巴纳斯大街，人们总是说着星辰之子莫迪利亚尼的美丽情人，总是说着苏丁如何藏着从屠宰场偷来的发臭的动物尸体，总是说着嗣治养的一屋子猫，以及他迷恋的巴黎女人Kiki。

　　那些故事至今仍是观看他们画作的基础：莫迪利亚尼总是拉长脖子向往升向星空，苏丁的画里有肉体腐烂的腥气，而藤田嗣治，爱着女人和猫的嗣治，在西方画布上用东方古典细线一丝一丝地勾描着他静到无声无息的生命。那些女人身体上的"白"，白到像雪，像牛乳，像不染尘埃的月光，像回忆不起来的一场春天的梦。

1　伊莎多拉·邓肯（Isadora Duncan）的哥哥，也是一名舞蹈家。

我最早对藤田感兴趣，是在二十世纪七十年代，我在巴黎读书时，在市立现代美术馆看到他画的一幅裸女图。西方油画材料，但洋溢着古典东方的细致优雅，特别是他使用的白色。他画里的白色被广泛地讨论，裸女身上的白，像是透明的白，仿佛不是实体的颜色，使人想到东方的"留白"，一种游离于实与虚之间的"空白"：像汉字书法里的白，像篆刻里的白，像碑拓里"计白以当黑"的白。

藤田曾经在二十世纪二十年代用这样的"白"征服了巴黎，欧洲人说不清楚藤田画中的"乳白"，两种文化交会了。都叫作"白"的那个字，其实有不同的含义。如果是"空白"，"白"就不是色相。唐代张若虚的"空里流霜不觉飞，汀上白沙看不见"，讲的正是这介于存在与不存在之间的"空""白"。

藤田在去欧洲之前，显然有极其丰厚的古典东方传统的训练，他征服巴黎的"白"已经不是物质的锌白、铅白、钛白，而是使西方迷惑或迷恋的东方传统美学的空灵之白！

其实应该和"白"一起讨论的，是嗣治画中的线条。一种如丝一般的细线，婉转缠绵，使人想到东晋顾恺之的"春蚕吐丝"，是一根连绵不断的细线，像留白里的声音，安静延续着。这一次在巴黎看嗣治，还是有许多爱好绘画的朋友着迷于他的细线，甚至贴近检查，不断询问："究竟是什么笔画的？"

是毛笔，不同于西方油画的毛笔。东方很早就发展出了毛笔的"锋"，有这个"锋"，才有汉隶的"雁尾""波磔"；有这个"锋"，才有卫夫人的《笔阵图》，才有王羲之的"书法"，才有顾恺之用来创作《女史箴图》与《洛神赋图》的"春蚕吐丝"。

笔锋细线的传统一直是东方美学的核心，与西方块状量体的处理截然不同。细看嗣治绘画的局部，无论他画金鱼，或画猫，都用细线勾勒。"勾勒"是东方素描的基础，如果是西方，就是用光影做出量体。

在二十世纪初，带着东方线条的记忆到欧洲的画家，都面临过同样的尴尬：如何放弃自己熟悉的细线，进入欧洲的量体？还是带着这强势的细线去对抗量体？徐悲鸿是全面学习过西方学院量体光影的，常玉、潘玉良都没有放弃东方的线条。嗣治是更彻底地用东方细线加上空灵的白，完成了他独特的嗣治美学。

回来再看嗣治征服巴黎的裸女。放大细节，很清楚地看到他的细线勾勒的轮廓，但再仔细看，跟随着细线，有一些阴影笔触。显然嗣治没有放弃量体的表达，这些阴影笔触试图做出西方光影的量体暗示，若有若无，没有线条这么肯定，这么有说服性，这么让西方迷惑好奇。

一九二〇年至一九三〇年是嗣治创作的高峰，他已经成为巴黎 dandy[1] 的传奇，他在世界各地旅游，他的装扮、他的恋爱、他的狂欢、他的创作，包括绘画、版画和以猫为主题出版的书册，都风靡西方世界。

但是嗣治或许不知道，前面还有另一个命运在等着他——战争与祖国。

1　"花花公子，好打扮的人"的意思。

一九三三年，嗣治回国了，而后第二次世界大战爆发，嗣治的祖国成为法国的敌对国，他自己的家庭也与日本的上层官僚军方有着切不断的关系。嗣治的兄长嗣雄是日本著名的法制学者，他娶的是儿玉源太郎的女儿。儿玉曾经担任台湾总督，也是日本对俄战争的重要将领，直接主导对中国东三省的统治。不能忽略藤田家族在日本拥有的殖民帝国、军国主义系统的强烈色彩，这样的背景，在战争爆发的时刻，检验了一直在巴黎放荡的嗣治究竟要何去何从。

嗣治回日本，成为军方的御用画家，在美日战争中以塞班岛、阿图岛的战役为基础，画了巨型的"战争画"。

什么是"战争画"？

拿破仑时代著名的战争画家是大卫（Jacques-Louis David）。卢浮宫常见战争画，尺寸巨大，描述战争的悲壮或荣耀。嗣治在巴黎不会没有看过这类绘画，在巴黎成为宠爱猫与女人的画家，他或许不曾想到有一天自己会被推到"战争画家"的角色吧？

这个在巴黎浪荡多年的 dandy，他要如何诠释可能从来不曾关心过的战争？

以作品来看，嗣治的战争画，主题大概集中在表现日本军士在与美军的歼灭战中悲壮的死亡、群体的死亡、年轻生命的死亡。他用阿图岛、塞班岛的战役为背景，描述日本军人的集体死亡。对嗣治而言，或许是生命的"悲壮"，但从另一个角度看，也就是军国主义官僚结构歌颂宣扬的"殉国""效忠天皇"。

嗣治用了"玉碎"这样的标题，玉碎"阿图岛"，玉碎"塞班岛"。"玉碎"二字有更深的对生命弱势者的悲悯与同情吗？

战争期间，嗣治甚至被军方派遣到中国，观察多次战役，画下日军在南昌、武汉等许多地方的残酷轰炸。嗣治或许觉得他是为"祖国"效忠，但是，曾经长时间濡染法兰西和平自由的一位创作者，可以因为"祖国"的借口，泯灭人性的价值吗？嗣治的"祖国"使人毛骨悚然，创作者可以在"祖国"的名义下，做违反人性、违反正义、违反内心良知的事吗？

"二战"结束后，日本军国主义受到全世界的谴责。嗣治的战争绘画触及美日的对立，因此这些画作有很多被美军没收，作为战犯思想的证物送到美国，一直到七十年代才归还日本。它们在东京都美术馆展出时，还是引起非常大的争议。

嗣治经历巴黎的一次大战，解放了自己，从家族父权中脱壳而出，创作了精彩的作品。他可能万万没有想到，第二次世界大战又彻底摧毁他创作的自由本性，为战争服务，为"祖国"服务，迷失了真正的自己。

他或许感叹，生命多么荒谬，可以如此作弄一个原本应该单纯的创作者吧。

"二战"以后，无论在日本国内还是国际上，嗣治不断被点名批判为"军国主义""法西斯"。巴黎的藤田嗣治展览避开了他这一时期的作品，但在东京的展出还是保留了那时期的"战争画"。

战争结束后，无所逃于批判的压力，藤田嗣治于一九四九年到纽约，一九五〇年再度到巴黎。他放弃了日本国籍，归化为法国公民，好像要忘掉自己身上去除不掉的一片阴影。嗣治接受天主教灵洗，成为虔诚的基督信仰者，自己修建教堂，一直到一九六八年在瑞士苏黎世逝世，战争和祖国的噩梦才距离他愈来愈远了。

藤田嗣治的一生是引人深思的,即使看完他各个时期的作品,我们或许还是会有疑问：究竟哪一个时期才是真正的藤田嗣治？

大繁华里

款款回身

八月二十一日，我在旧金山为华人防癌基金募款，演讲一场"肉身觉醒"，演讲前接到任祥的短信，告知顾老师辞世。

"肉身觉醒"讲身体的修行，讲到尸毗王"割肉喂鹰"，像在顾老师灵前念诵，告别她一生的繁华，也告别她"休恋逝水"的叮嘱。

童年时常陪母亲看戏，那是二十世纪五十年代，许多剧团从大陆撤退，它们隶属军队，因此有陆军的陆光剧团，海军的海光，空军的大鹏，联勤总部也有一个明驼剧团。因为隶属军队，有重要庆典，中山堂就配合节庆，军中几个剧团都有演出。

因为是节庆，我陪母亲看的戏，记得有好几次戏码都是《龙凤呈祥》。传统戏剧常常必须为政治服务，剧团也必须准备一些吉庆戏码应景。虽然必须为政治服务，但当时几个剧团都有好演员。我年纪还小，了解不深，在中山堂门口常听母亲跟阿姨们评论，大鹏的旦角好，陆光的须生好，海光的黑头好。她们都很盼望着看三军联演，一场戏，生旦净末丑都强，棋逢对手，自然好看。

顾老师一九五三年结婚后就退隐了，顾剧团解散。她年轻，辈分却高，不隶属任何军中剧团。我没赶上看她年轻时的演出，但总听到她的名字，"顾正秋"三个字已是台北传奇。

后来读顾老师的传记，知道她此时已退隐到金山，洗尽铅华，开辟农场，养儿育女，期望平淡度日。但人生常有一定要做的功课，顾老师带着绝世的繁华到人间，她似乎也要回到舞台，在大繁华里回身，让人领悟梦幻泡影吧。

当时我家住在大龙峒，保安宫庙口也常有歌仔戏演出，保生大帝生日，也是一连好几个星期都有各个戏班轮流演出。歌仔戏是民间戏班，常是一个家族四处接庙会的演出，在庙口搭台。演出时，美丽花旦常常前台演戏，后台解开衣襟，给孩子喂奶。演出完拆台，曲终人散，人、道具、行头、豢养的鸡犬，通通挤上卡车，又奔赴下一个庙会。

母亲一直在战乱里流离，她看京剧，也看秦腔，到了河南就看河南梆子。她对剧种没有偏见，看戏像看人生，到了台湾，有时也跟我拿了小板凳，在庙口看歌仔戏。

有一天庙口演《武家坡》，这是母亲熟悉的戏，王宝钏的寒窑就在西安城外，母亲说她少女时去看过。王宝钏，一个千金小姐，嫁了穷光蛋丈夫薛平贵，薛平贵被陷害，红鬃烈马去了西凉国，王宝钏就苦守了寒窑十八年。

母亲跟我说了《武家坡》的故事，听歌仔戏苦旦在台上哀哀诉说心事，母亲若有所思。忽然出现薛平贵拔尖高亢的声音，四座皆惊，野台下烤香肠的，卖粉圆的，一时都静下来。

母亲惊讶，跟我说："他唱的是秦腔。"

"是吗？"

我一直怀疑这件事，秦腔的演员怎么会搭在歌仔戏班里？我还怀疑是母亲幻想。多年后读到一本书，谈到一九四九年后有些从大陆撤退的地方戏曲演员，的确被本地歌仔戏班接纳，一同演出。故事一样，都是《武家坡》，女的唱歌仔戏，男的唱秦腔，好像也被观众接受，成为奇特的剧种混合。

歌仔戏混合秦腔，好像荒腔走板，但是战乱中，现实本就荒谬。妻离子散的年代，南腔北调，仿佛也让人理解了舞台上一十八年夫妻分在两地的酸楚吧。现在想想，舞台其实没有人生荒谬辛苦；现实里，熬过十八年之后，有可能再熬十八年。

顾老师是来台湾演出，意外留在了这里，终生不能与父母家人相见。退隐不成，人生荒谬酸楚，但她还有未完成的功课要做。顾老师再回到舞台上，演出每一出戏，都仿佛是要在繁华的人间一一回身。她在舞台上做"嗔""爱"的功课，让观众看到迷恋，看到酸楚，看到现世的爱与恨，最终，也可能看到她步步回身留给我们深长隽永的领悟。

我看顾老师的戏是在从法国回台湾之后，那已经是接近八十年代的事了。

一九七六年秋末，我从巴黎回台湾，接受文化大学的邀请授课。学校很宽容，让我自己挑要教的系所，想开的课。我当时认为台湾教育保守，大学还很少能接受戏剧、舞蹈等重要的表演艺术。文化大学是最早设立这些科系的学校，尤其是戏剧系的国剧组，师资多是几个军中剧团的名角，他们从小做科，没有学历。台湾教育主管部门的体制一向官僚僵化，但是文化大学打破成规，聘他们为教授。我因此选了国剧组，开了艺术概论课，学生里也多剧校毕业，已是舞台上亮眼新秀的演员。我不把他们当学生，跟他们一起读文学、看电影、逛美术馆，一起听戏，一起上俞大纲老师的课，更像是同门的师兄弟姊妹。

那时军中剧团是极盛时代，每天晚上在中华路的"文艺中心"都可以看到最好的戏，票价好像只要三十块台币，场子里通常一半都空着，我和学生们几乎每晚都去，当功课做，隔天上课时讨论，获益很多。把一出戏当功课做，不只是唱腔，不只是身段，在剧

场里慢慢看演员、看观众，也似乎就领悟了戏剧在现实人生里的分量。

八十年代，我第一次去顾老师顶好附近的家，也是剧校当时的新秀崔富芝引介的。顾老师雍容自在，谦和温暖，我见偶像，一时像小学生端坐，没有多言语。

那时，"顾正秋"三个字更成为台北的传奇了。

传奇，可以是喜好谈八卦的人油腔滑调的口舌是非；传奇，当然也可以纠缠着荒谬辛酸，像嗔怒，又像眷爱，像苦海的回身，成为一个城市随波逐流里使人端正庄严的力量。

我开始看顾老师的戏了，每一出戏都像一部佛经，使我懂嗔怒，懂痴爱，懂了许多童年跟母亲看戏她默默流泪时难以言喻的悲怆。

舞台上灯光华丽，在大幕后有一声凄苦荒凉的高音——"苦哇——"

那是苏三，一身大红的衣裤，身上背着枷锁，一个判了死刑的女犯，"苏三离了洪洞县，将身来在大街前……"

顾老师的唱腔一声一彩，行云流水。我们那么熟悉的唱词，忽然陌生了，因为跟不上，行腔转韵像一朵一朵花绽放，声音可以这样华丽婉转，如佛经说的"天花乱坠"。那一段唱完，爆起掌声，然而不知为什么，好像一场梦，我问自己：刚才是真的吗？是真的听到了那样的声音吗？

"梦""幻""泡""影""露""电"，我以后读《金刚经》，读到最后的偈语，读到对这六种现象的描述，常常耳中响起顾老师的唱腔。偈语说的像是虚幻，却也是真实。顾老师在舞台回身，每一次喝彩，都让整个剧场懂了华丽里的"梦""幻""泡""影""露""电"。

苏三曾经是名妓，艺名"玉堂春"。她不轻易见客，跟她见面，先放下三百两银子，也只能喝一杯茶。王金龙带着家产进京考试，迷恋上这名妓，厮守了一段时间，床头金尽，就被妓院老鸨赶出，流落街头。饥寒中苏三赶来救助，不顾肮脏，将其搂抱在怀，用私蓄帮助王金龙进京赶考。

苏三后来被老鸨卖给山西富商做妾，被大娘陷害，诬陷她谋害亲夫，被关进大牢，受酷刑拷打，做成死罪。

有名的《起解》正是要从牢里把她押解到省城，后面接着是《三堂会审》，审问苏三的不是别人，正是当年迷恋名妓的王金龙王公子。他靠苏三的私蓄进京赶考，考中科举，如今钦差审案，审理苏三的冤案。

《玉堂春》是顾老师最常演的戏之一。有情有义的苏三，从风华绝代的勾栏名妓，落难为罪衣罪裙的囚徒。她一腔懊恼嗔怒，在押解的漫漫长路上唱出一生的"恨"。陪伴她在押解途中的崇公道，一个白发苍苍的老衙役，一路解说劝慰，试图解开苏三的嗔怒愤恨。那是好剧本，要有多么深的人生体悟，苏三才可能从"嗔怒""愤恨""懊恼"里回身，看到当下这老衙役的温暖与包容。

顾老师从年轻时开始唱这出戏，十几岁吧，青春、华美、自信、自负，然而我无缘看到。我看到顾老师唱这出戏是她五十岁前后了，经历了多少事——结婚，从舞台退隐，在山上做农，一直到一九七五年任先生逝世，我听到了顾老师唱《玉堂春》。没有谣言，没有八卦，但仿佛所有顾老师的心事都懂了，那样多的嗔恨，那样多的懊恼，又那样多的宽容，一一回身，使人热泪盈眶。

王金龙高中，做了八府巡按，高高在上，审问苏三。苏三跪在尘埃地上，一一委屈倾诉。这是一场苏三控诉的场子，是苏三在审王金龙，不是王金龙审苏三。

顾老师让千万众生的委屈在一句一喝彩中有了救赎。她要重回舞台，做救赎的功：课，救赎自己，也救赎众生。

我也在八十年代前后看了好几次顾老师演《四郎探母》。顾老师的铁镜公主，一出场："芍药开，牡丹放，花红一片。艳阳天，春光好，百鸟声喧。"

她带着人间的繁华，让世界花红一片，百鸟声喧，没有了嗔怒，但如何担待包容他人的苦楚？

铁镜公主的恩爱丈夫是木易驸马,结婚十五年,已经有孩子,但她不知道这"木易"是"杨"字拆开来的伪装。杨家将的杨四郎忠于宋朝,铁镜公主是辽邦萧家的女儿。宋辽交战,两个敌对的国家,两个敌对的家族,杨家与萧家大战,杨家败亡,杨四郎被抓,改名木易,跟公主成亲,隐姓埋名十五年,听说母亲佘太君押粮草到边界,很想回家探母,但一透露身份,可能就依国法当间谍斩首。

我们好像已经很难想象,敌对的两个国家也可以有个人真正的恩爱和解。

我喜欢《坐宫》里那段夫妻的对话,这是国仇家恨的敌人,是依国法当斩的间谍,但是,这也是恩爱十五年的丈夫。人世矛盾纠缠,当铁镜知道了真相,她要如何处置?依国法把丈夫当间谍送交官方处理吗?

顾老师在舞台上款款站起,款款回身,向杨四郎下拜施礼,她缓缓地唱道:"不知者不怪罪,你的海量放宽……"

因为不知道,可能冒犯了;因为不知道,常常会在汉人丈夫面前骂汉人吧;因为不知道,也可能一谈起宋朝就一肚子火。然而,国仇家恨,敌人此刻就在面前,是怀中孩子的父亲,他十五年见不到母亲,想回家见一面,应该受国法制裁吗?

铁镜公主,不,顾老师,款款站起来,款款下拜施礼,"你的海量放宽……"

如果"恨""爱"纠缠,如果要在"恨"和"爱"之间做选择,顾老师在舞台上的回身宽容大度,如此华丽优雅,领悟嗔怒愤恨都要一一解开。

　　台下观众许多是不能回家"探母"的，熬过第一个十八年，再继续熬第二个十八年。

　　顾老师五十岁左右的声音身段都仿佛在说法，每六年说一次，在台湾当局领导人就职的纪念日演出。我常常等那六年，不是等领导人就职，然而，顾老师总是选领导人就职时唱《锁麟囊》，好像要解开自己心里曾经有过的嗔怒骄矜，要解开心里解不开的结。六年一次，像一种仪式，她或许是唱给自己听："他教我，收余恨，免娇嗔，且自新，改性情，休恋逝水，苦海回身……"

这是六年一次的救赎吗？唱给自己听，也唱给领导人听。

生命里如果有敌人，有恨的人，也许可以在苦海回身的时刻，款款下拜施礼，让"恨"与"爱"都一一了结吗？

《锁麟囊》的薛湘灵是富家千金，为了婚礼嫁妆千挑万选，一点不如意就嗔怒骂丫头。出阁当天，母亲给她"锁麟囊"，内装各种珍宝，要她收好。花轿遇到风雨，在春秋亭避雨，听到啼哭声，原来是穷苦人家的那顶花轿没有妆奁，薛湘灵在轿中命丫头把"锁麟囊"相赠。

生了孩子后，一日黄河大水，顷刻家产全毁。薛湘灵与家人失散，沦为街头乞丐，讨到最后一碗赈济的粥，却看到另一老妇赶来，已经饿得奄奄一息。薛湘灵犹豫挣扎，最后把手中的粥舍给老妇。

我记得舞台上顾老师两次施舍的身段，第一次舍"锁麟囊"，第二次舍粥。饥寒交迫，这一次施粥，比施舍"锁麟囊"更艰难沉重。

顾老师最后在舞台上的回身，是经文上说的"一切难舍，不过己身"吧。

最后一次跟顾老师聚餐是二〇一六年春天。顾老师明亮美丽，细述往事，无法想象她已过了八十岁高龄。我跟顾老师说，想找同一句唱词唱腔，反复让年轻人听梅派如何唱，程派如何唱，顾老师如何唱，甚至张君秋如何唱，张火丁如何唱，反复比较，一定可以听出美学上的不同。像同样一段巴赫，富尼埃（Pierre Fournier）拉的大提琴，和马友友拉的，重复听，就听出轻重缓急的一点点差异，那也就是美学风格的差异。

二〇一六年初夏，有人告知兴建中的表演艺术中心将在十月开幕，要向顾老师致敬，邀我跟顾老师对谈。顾老师是我最尊敬的前辈，我不敢"对谈"。我建议主办单位用一场演讲向顾老师致敬，我也透过任祥转达我的计划。我一直听顾老师的唱腔，觉得她在梅派的基础上融入了程派的委婉。梅兰芳创造了华丽明亮的唱法，仿佛阳光闪烁；程砚秋低回转折，像秋风阴雨里云层遮掩的月光，总在尾音处缠绵不断。顾老师融合两者，让梅派的华丽和程派的低郁融合成新的顾派唱腔，一霎时如春光明媚，一霎时如秋风秋雨，恍惚迷离，恰恰是她人生大繁华里回身的优雅谦逊。

因为表演中心的兴建延误，原定十月的这场演讲就延期了。顾老师辞世，任祥整理遗物，发现在顾老师书桌上留着给我的信封，里面装的正是梅派、程派和顾老师同一出戏的资料。任祥说这是顾老师留给我的功课。

在旧金山讲完"肉身觉醒"回到学生家，从网络上一次一次重看顾老师的戏，《玉堂春》《四郎探母》《锁麟囊》。顾老师在舞台上回身，也在现实世界回身，一句一喝彩的现世繁华，她都知道是"梦""幻""泡""影""露""电"了吧。

重读顾老师的自传《休恋逝水》，"顾正秋"的传奇是顾老师自己唱的"休恋逝水"四个字。在她回身之后，这四个字仍然余音回荡悠扬，如寺庙钟声，可以发人深省。

雾荷

一张画的故事

一九八六年席慕蓉送了我一张三联屏的荷花，尺幅颇大，挂在家里空间距离不够，画有点受委屈。刚好好友庆弟在衡阳路的书店餐厅马可孛罗开张，地方宽阔优雅，从一楼书店转二楼餐厅的楼梯口有一个适合的空间，征得两人的同意，这张画就悬挂展示在那个位置。人来人往，三十年间，成为很多认识或不认识的人共同的记忆。

　　二〇一六年餐厅结束营业，庆弟把画送到云门剧场寄存，云门也找了蔡舜任修复团队进行清理。三十年岁月的尘垢洗清后，画面的石绿粉白又明亮了起来，如旭日之光，色相如此，摇曳晃漾，仿佛我们都记得的那一个夏日时光，清风徐徐，荷叶沉浮婉转，花瓣卷舒绽放开阖，波光云影，一阵一阵荷叶荷花的香气袭来。我们都记得，我们仿佛也都不记得。

　　席慕蓉的绘画创作中，荷花是她持续很长时间的主题。

　　"为什么是荷花？"在云门剧场的佛堂，户外是一片春光里摇曳的竹林，恍恍惚惚，丛丛含笑盛放，一阵一阵甜香似远似近。

　　"最早是玄武湖的荷花吧？"

　　画家回忆起一甲子以前的往事，战争结束两年，父亲带着一家人从重庆到南京。画家还只是四五岁的小女孩吧，然而她记得入夜时分游湖的船，记得湖光潋滟，坐在父亲两膝之间，感觉到特别受宠的喜悦。父亲给了她一个新鲜莲蓬，她就一颗一颗剥着莲子吃。

　　席慕蓉的回答里没有说到她"看到"的荷叶荷花。她的回忆仿佛只是一种恍惚——战争过后短暂的喘息，父亲牢靠的体温，莲蓬的清香口感，荷叶荷花淡淡的气味，水波光影在桨橹声中荡

漾，入夜时分湖面渐渐暗下去的迷离。许多视觉、触觉、听觉、嗅觉、味觉的交替重叠，错综编织成回忆的恍惚。

距离玄武湖的荷花记忆四十年后，画家的《雾荷》或许像一千年前白居易惊人的句子"花非花，雾非雾"。没有人知道诗人究竟要说什么，大雾弥漫，光影迷离，"来如春梦"，所以不是梦；"去似朝云"，所以也不是云。存在与不存在，真实与恍惚，似近似远，画家雾中看荷，不是花，也不是雾，是画家关于荷花的记忆，也是许多人关于荷花的记忆。

一九六〇年初，席慕蓉在师大美术系师承林玉山老师。玉山先生从日本胶彩画出身，胶彩系统上溯唐宋宫廷院画，用线条勾勒，矿石颜料加胶，在纸绢上层层敷染，兼具油画与水墨的细线与色块之美。唐代画在金箔屏风上的工笔重彩富贵华丽，到了宋代，多了文人的淡雅，一帖南宋扇面册页，荷叶荷花在斗方尺寸间婉转翻飞，是荷花主题的美学巅峰。

玉山先生的教学承袭宋院画的"写生"，也是席慕蓉一直遵奉的规范。她的回忆里包括常常替林玉山老师的写生课准备各种花的素材，有时就是她北投家院子里的许多当季花卉。

我认识席慕蓉是在一九八〇年年初，她结束欧洲学业，与海北住在龙潭。我去她家造访，简单的民间老式黑瓦平房，中庭院落就养了一缸一缸的荷花，画家早晚随时写生，勾勒叶片花瓣，荷梗叶脉。雨雾晨昏，荷花荷叶诸多变貌，画家知道，这是一生的功课。创作的功课，常常是从学院毕业才真正开始的。

一九八三年我去东海创立美术系，席慕蓉是大力帮忙的一位。兼职老师课时费极微薄，当时东海兼职师资中有席慕蓉，有林之助，有刘其伟，有陈其茂，有王行恭，有楚戈，连没有教职的陈庭诗也三不五时来系里跟师生笔谈。他们为美术教育投注的热情我衷心难忘，衷心感激。

席慕蓉常说起一则笑话。为了赶时间到东海上课，她从台北一路开车南下，超速被抓，警察问她："为何超速？"她羞赧地回答："为了上课。"警察板着脸教训："做老师还违规。"

我一直没有机会对那一时代的这些老师致意致敬，自己心中感恩，相信那时的学生也都永志难忘。他们学到的不只是绘画技巧，更是这些老师的生命风范与品格吧。

在东海的时候常有机会和席慕蓉、刘其伟、楚戈一起上山下海，借"写生"之名，南下垦丁龙坑，北上太鲁阁大山，月光下纵走立雾溪峡谷，半夜开车走南横看野百合盛放。

而那时也常常听到席慕蓉独自一人到白河，在将破晓的荷花田畔等待黎明曙光，等待在画布上抓住荷花亮起来的第一道光。

她说："白河的荷花是田，跟植物园的不一样，可以走进去，仰着头看荷叶荷花。"

我们记忆着什么？我们爱过什么？我们眷恋过什么？

一张画里有多少故事，自己知道，有缘人也会知道，如同一千年后我看见的一幅宋人荷花小品。

我们有许多关于荷花的记忆。一九八五年后我们常结伴去温州街看台静农老师，说起在东海宿舍用大缸养荷花，那是植物园的研究品种——胭脂雪，白色荷花的叶尖带一点胭脂红。台老师颇有兴致，我就跟席慕蓉为台先生准备了大缸，从阳明山运去有机土，找徐国士要了荷花苗，连续几年春天，都记得用报纸包了鸡粪，为台老师院中的荷花施肥。

　　一九九〇年台老师逝世前，席慕蓉担心温州街的荷花无法盛开，就特别雇车送了一缸自己家盛放的荷花去台家，让台老师在病中观赏。

　　最近十年，席慕蓉绘画诗作都转到她关心的蒙古草原，荷花主题好像暂时停了。

　　云门剧场有一个安静角落，一次只展一件作品。展过吴耿祯的剪纸，展过洪幸芳的樱花，五月五日将展出席慕蓉这幅《雾荷》，展出三个月，八月才会更换青年金工艺术家董承濂的《宇宙之舞》。

　　看多了卢浮宫、大都会一类浩大无边无际的博物馆，我腰酸背痛，眼花缭乱，很珍惜能独自坐在一个静静角落看一张画的快乐。

　　《雾荷》在云门展出三个月，正好是曼菲雕像的荷花池里莲荷盛开的时节。看完画，走去看荷花，可以远远听到茄苳大树间一段夏日光影迷离中的蝉声喧哗。

我与我的对话

小雪读《齐物论》笔记

十一月二十二日，节气小雪，我在宫城县鹰泉阁留宿了两天，第三日往山形县藏王去，身上带着郭象注的"巾箱本"《庄子》。

北国的冬，山色苍苍，是秋的枫红绚烂过后非常沉静深邃的山色。庄子喜欢用"苍苍"二字。《逍遥游》说："天之苍苍，其正色邪？""苍苍"或许不是颜色，而是人类视觉达不到的空间上的远，是天的无所至极的远。"苍苍"被理解成色彩，只是一种视觉上的偏见吧。

刚刚从北冥飞起来的鱼，怒而飞，飞成九万里高空的鹏鸟，它从飞起来的羽翼下面看到了无边无际的天的颜色——苍苍。

我很少在冬季来北方，因此也很少有机会看到这样浓厚灰云堆积下山色的苍苍。

《诗经》的《蒹葭》里用到"苍苍"，"蒹葭苍苍"，也是入冬时节河岸芦苇的苍茫吧。

生命知道接下来是冬天，寒冷、大地干旱、烈风呼啸、雪飞冰冻，生命要如何存活？

每一株植物都感受到死亡的压迫，绿色的叶子变黄变红，入秋以后，整座山都在预告，冬天要来了，这是最后的华丽缤纷。

立冬后的山，大部分植物都已离枝离叶，剩下光秃秃的主干。

那是《齐物论》里说的"槁木"了。

《齐物论》的开始："南郭子綦隐机而坐，仰天而嘘。"他靠着几案，抬头看天，一口一口地长长嘘气。

他的学生颜成子游看到老师的形貌神态如此不同于往日，惊讶极了："怎么可以如此？"

子游问老师："形固可使如槁木，而心固可使如死灰乎？"

我们活着，这身体形状可以像死去枯槁的树木吗？我们的心也可以像燃烧殆尽之后不再有温度的死去之灰吗？

这北国的山，山里冬日灰棕色的秃枝枯木，死寂的寒林，都像是对《齐物论》的发问，也像是回答。

而老师南郭子綦的回答只有三个字——吾丧我。

老师说：我失去了自己。

不再有"我"，不再有"自己"，"我"失去了"我"，就可以形如槁木，心如死灰吗？

我想起传说里苏轼喜欢画的"枯木"，也想起他在《寒食帖》里的句子——"死灰吹不起"。

下放黄州，从牢狱出来，仿佛死去了一次，东坡真能领悟"吾丧我"的意思吧。向往形如槁木，向往心如死灰，他那时大概很像南郭子綦吧，他也因此从自身的际遇更深地读懂了庄子的《齐物论》吗？

东坡的《寒食帖》还有一个典故，也来自庄子，《大宗师》篇——"暗中偷负去，夜半真有力"。庄子说有人怕船被偷，把船藏在深壑里，结果夜半时分，有大力的人把山背走了。

不知不觉，我们的一切都会被时间偷走，形体或心事都一样，形如槁木，心如死灰。现在的"我"看着过去的"我"，像槁木

看着春天的翠绿，像死灰看着曾经炽热的火焰。

春天的青翠，冬天的枯槁，其实是同一株树木。大火炽旺燃烧的一段柴薪，和燃烧后的死灰，也仍然是同一个身体。

我们的身体形貌，从婴儿到孩童，从孩童到少年，从少年，壮年，中年，两鬓斑白，到老年的形如槁木，其实是同一个"我"。

不同时间里的同一个自己，可以有连续的对话吗？

十一月二十四日，小雪后二日，我路过山形的立石寺，这是比睿山延历寺分寺。公元九世纪建寺，距今有一千两百多年。山寺依山壁的结构建造，有巨石壁立如刀斧削成，就在陡峻石上建筑殿宇。

有石阶依循盘旋而上，把各殿、院、堂连接起来，成为规模宏大的寺院。寺庙各院各殿就建立在山岩巨石间，有的供奉观音，有的供奉地藏，最上面的一座是阿弥陀堂。各院各殿，一步一步走去，仿佛修行的路，可以从不同高度看远远近近一片冬日的寂寥山林。走得喘了，就停下来，靠在石阶边，看一片落叶，仿佛等了好几百年，在这石阶上静静等候我的疲累彷徨，落叶像跟曾经还在枝梢上的自己说话，说一句"吾丧我"。

"吾丧我"，是要用多长的时间才能学会把身上驮负太久的自我一点一点放下？疲累、急喘，是因为背负在身上的"我"太沉重了吗？每一段石阶都走得这样步履艰难，颠颠簸簸。

山寺沿路都是历代碑刻铭记，也有著名俳句诗人松尾芭蕉的诗，夹杂在一千年间众生的祈愿中。千手观音石像下有众多木条祈求度病苦、得平安，地藏石尊下有更多给亡者的度化告白。诗人的诗句华美，其实或许不及平凡众生为亲人亡故唱赞诵念的"阿

弥陀佛"吧？

整座山，一步一阶，每一片落叶，在空中飞舞，落地堕泥，形神消逝，都只说生死一事，也正是《齐物论》里"槁木""死灰"的对话吧。

一株树木，可以从青春欣荣看到自己的枯槁吗？

一段柴薪，可以从火的炽烈燃烧看到死灰的寒凉吗？

"吾丧我"，是两个时间里我与我的对话。

从山脚一路走到立石寺最高处的"大佛殿"，浓云密布，像是要下雪了。山色在灰暗的墨绿里有一丝一丝的赭黄绛褐，织成贵气不喧哗的锦绣。

眼前的风景让我想起黄公望，那个晚年给自己命名"大痴"的道士，曾经在九峰看过连续数日落雪，即兴画了《九峰雪霁图》，用淡淡的墨，一层一层染出雪山的层次，从白到灰到墨黑，灰的中间流动着淡淡的绛色的光。

"浅绛着色"，以前以为是技巧，只是在墨色里加了淡淡的赭石、朱磦，看到眼前冬日之山，在一片苍茫的灰白里透露着枯枝枯叶的"赭棕"，才知道大痴是在晚年领悟了生命最后的风景吧。

这个幼时的孤儿，被富有黄公收养，十二岁入神童科考试，少年得志，壮年却不幸因卷入长官受贿案而入狱坐牢。中年以后，少年得志的"我"死去了，黄公望出家做道士，在松江等地卖卜为生。"吾丧我"，一个生命的递变，是可能死去多少次的"我"？我们只看到他七十岁以后的画作，《九峰雪霁图》《富春山居图》都是八十岁以后的创作。一路走来，得意、失意，都在画中，八十岁自然是人生的冬日之景，白发苍苍，他静观落雪，一层一

层的灰，灰中浅绛，是槁木，也是死灰，但如此华贵宁谧。八十岁，落魄于江湖，回看几十年前，十二岁神童科考试时自己的青春，他是否能懂《齐物论》里南郭子綦说的"吾丧我"？

离那个十二岁的"我"已经很远了，失丧了那个意气飞扬的"我"，今日的"我"，可以安心如槁木，也寂静如死灰吧？

到藏王温泉那天，天空已经飘雪。雪落无声，却如此纷华，像四方唱赞。

次日醒来，窗帘映着雪光，窗外已是一片莹白。

雪越下越大，稍一开窗，就能听到大风怒号。

《齐物论》里关于声音的描述很有趣，影响到汉语文化圈至今还用"人籁""地籁""天籁"品评音乐的高下。

但是《齐物论》里似乎并没有品评，也没有刻意分高下，只是带领人们进入听觉的微妙世界。

我们听过人的声音，但还没有听过大地的声音，没有听过天空的声音。

他带领学生听宇宙的呼吸，那被称之为"风"的声音。

"是唯无作，作则万窍怒呺。"

风，或许并不是一种声音，而是大块的呼吸。

大块呼吸，让所有的孔穴发出声音。一棵百围的巨木，树上许多节瘤孔穴，像人的鼻孔，像口腔，像耳朵，像屋檐下承重的枅木，像圆圈，像石臼，像凹洼，像污糟……

当风行过，所有的孔穴坳谷发出共鸣，那是大地宇宙的声音。

像箭激射的声音，像火燃烧的声音，像万口叱咤，像喘息，像号叫，像肺腑深处的哭与笑……

我们应该可以听到更多的声音，比南郭子綦更多，或者比庄子更多。

宇宙大风停止，所有发声的孔穴万窍都虚空了，像我们身体的脏穴，一旦呼吸停止，穴窍也安静下来。

换了雪靴，走到户外，踏足大约二十厘米深的雪里，头发上、脸上，耳、目、口、鼻都是飘雪萦绕。

我此刻静静聆听雪落的声音，雪在风中聚散的声音，回旋沉浮的声音，坠落的声音，堆积的声音，融化和凝结的声音。

给竹子定出音高是人籁，找到宇宙间的孔穴呼吸是地籁，《齐物论》并没有直言"天籁"，是那个自己知道开始，也知道停止的声音吗？

花绽放的声音和凋谢的声音，日出的声音和日落的声音，山岚升起和散灭的声音，生命形成和消逝的声音，日夜相互替代的声音。

连续下了两整天的雪，户外风景与前两日有了明显的反差，原来黑色的大地，现在积满了雪，变成干净的白。原来在阳光下发亮的湖水，被白色一反衬，变成一片墨黑。

我想在山里体会更多一点雪景的状态，就取消了接下来山下的行程，到附近的鸥之谷湖去绕湖踏雪。

鸥之谷湖是水鸟保育区，但是风狂雪骤，我没有看到一点禽鸟的踪迹，倒是湖边无一人来，看到了真正干干净净的初雪覆盖的大地山峦寒林。

雪沉淀了喧哗缤纷的色彩，像把彩色照片全部过滤成黑白。黑与白在视网膜上可以各自反映出无数种不同层次的色调，黑与白看似对立简单，但其实是人类视觉最难的挑战。张若虚的"汀上白沙看不见"正道出了"白"的细致微妙，"空里流霜不觉飞"也把视觉对白的认知推到了近于绝望的边缘。

水墨画里，宋元都有用墨反衬画雪景的。黄公望的《九峰雪霁图》就是最好的例子，用墨渲染天空和水域，留白的山峦就像被雪覆盖一样。

黑与白，像《齐物论》里提出的是与非，真与伪，可与不可，然与不然。

是与非，在儒、墨的争执里仿佛永无休止。

《齐物论》里略略谈到儒、墨的是与非。因是因非，因非因是。

在立场的纷扰争论中，《齐物论》仿佛只想提醒"彼亦一是非，此亦一是非"，像昨日的黑与白，反差成了今日的黑与白。

是、非、黑、白、真、伪，乃至于可与不可，如果不把各自的立场、角度弄清楚，会是永远没有结论的争吵，各持己见。每个人固执自己的成见，以偏概全的话，墨家的"兼爱"就可能成为儒家口中的"无父""无君"。

"自以为是，则以彼为非矣。"

庄子是非常擅长逻辑的，他也有一位喜欢玩逻辑的好朋友——惠子。在《逍遥游》里，他们两人针对"大瓠"和"大树"，已经两次过招。庄子懂逻辑，却也透彻看穿了逻辑的陷阱。在一个大辩论的时代，庄子冷静超然于是非之外，看透彻儒、墨各自执着的"是"，也看透彻他们批判的"非"。

从人的角度立论，自有人间的真伪是非，自有人间的可与不可。

各自执着于自己立场引起的是非辩论，最终并没有结果，这正是庄子说的："是亦一无穷，非亦一无穷也。"

如果不能彻底看破逻辑的陷阱，当然是各说各话，没有交集，也没有结论，看似精密的逻辑却离真相越来越远，也离真理越来越远。

庄子和惠子辩论时，最后常常跳出逻辑，用寓言故事破除逻辑的陷阱。

《齐物论》里他再一次用这样的方式，说了一个关于猿猴的可笑又可哀的故事。

一个喂养猿猴的狙公，要分配橡子给猴子吃，他和猴子商量，早餐发三颗橡子，晚餐发四颗橡子。

猴子听了都很愤怒，叫嚣、抗议，认为不公平。换作今天，狙公施行的政策的民调失败了，猴子愤怒起来，大概就要上街示威游行了吧。

狙公民主，倾听众猴意见，便把决策改了，改为：早餐四颗橡子，晚餐三颗橡子。

这一改变，猴子都欢天喜地，大为高兴起来。

不知道为什么，每次我想到这个故事就不由得悲哀起来。

两千多年来，民间广泛使用"朝三暮四"这个成语，也许没有读过《庄子》原文，也许不十分清楚这个故事的原意，但"朝三暮四"还是挂在人们嘴边。

也许这个故事的确不是嘲讽，可我在动物园看到猩猩、猿、猴等灵长类动物那若有所思的表情时，每每都看到了很神似人类的悲哀。

我因此找出宋代毛松画的一张《猿图》来参考，这张画现存日本东京国立博物馆，署名毛松，但是毛松真迹罕见，无法比对，也就不能说一定就是毛松了。

Cu-cu 与关关

很喜欢听巴西歌手维洛佐（Caetano Veloso）唱的《鸽子之歌》（*Cucurrucucu Paloma*），我不懂他的葡萄牙语，只是大致了解歌词内容，了解少数字的意思。但是，排除了文字内容，排除了语言含义，纯粹听歌者的声音，节奏、旋律、呼吸，像长风吹过树丛使树叶娑婆，像走向深谷时自己脚步的踟蹰回响，像海水潮汐在沙岸间回荡涨退渗透——纯粹是声音，可以听懂很多心事。

声音是比文字更真实的告白吧，与文字无关，甚至也和语言无关，语言传达意思，声音传达心事。纯粹只是声音，可以如此动人。维洛佐的《鸽子之歌》在世界不同的语言区被聆听，超越了文字语言；许多人都听懂了，共鸣了同一种心跳。

后来在西班牙导演阿莫多瓦的电影《悄悄告诉她》（*hable con ella*）里，维洛佐被邀请真人演唱，真是动人。他一开口"Cucurrucucu……paloma"，许多人就热泪盈眶。阿莫多瓦借他的声音，仿佛悄悄说了许多连电影故事都说不清楚的心事吧。

维洛佐在《悄悄告诉她》中演唱的那一段至今还在网络中被传诵聆听。"cucurrucucu"，纯粹是声音，模仿鸽子喉嗓鸣叫时的咕咕噜噜吧。因为纯粹是声音，不同的歌手大概也会有不同的表达方式，没有含义的声音，正是歌手可以自由发挥自己纯粹喉嗓特质到极致的机会，像花腔，像咏叹。

"cucurrucucu"，歌的开始让我想到《诗经》第一首诗开头的"关关"。

两千多年前也有歌手，他不识字，听到旷野中雎鸠的鸣叫，就模仿了鸟鸣求偶的婉转。那声音会不会很像"cu-cu"？那歌手是田野村夫，他不识字，所以那模仿鸟鸣的声音，一定不是文字的"关关"，而应该是非常自由活泼的表现。

大家都知道，《诗经》原来是"歌"，最早是声音的存在，声音产生语言，语言再转化成文字。《诗经》学者一定要说"关关"怎么念才是对的，已经违反了"诗"是"歌"的本意。

歌手模仿鸟鸣的"cu-cu"，从声音转化为文字，会不会有许多可能？

维洛佐的声音被书写成"cu-cu"，少了节奏旋律的复杂，少了呼吸的起伏变化，书写下来的"cu-cu"，没有歌手动人的心事，只是文字。

维洛佐的葡萄牙语是拼音文字，还保留了比较多的声音特质。

《诗经》从用声音传唱的"歌"到被记录成文字，鸟的求偶鸣叫被固定成两个不可改变的汉字"关关"。从声音变成文字，特别是变成了视觉图像的汉字，是否可以想象，汉语诗流失了多少原有的语言和声音的魅力？

没有批注，我们甚至无法把"关关"和鸟鸣联想在一起。

我当然不要"听"现在各种版本的《诗经》，太难"听"了，从固定的汉字再转成所谓的"歌"，这"歌"，被文字桎梏了框架，扭捏造作，声音无法自由，没有声音的飞扬，没有呼吸，无法成为大众共鸣的心事。

多么遗憾，《诗经》只能阅读，不能传唱了。文字伤害了声音，我们用眼睛阅读的，是声音的尸体，冰冷没有温度。

但是，我常常想象：最早在田野河边聆听雎鸠求偶鸣叫的歌手，噘起嘴唇，转动舌头，颤动声带，用肺腑共鸣。那"歌"的声音会不会像维洛佐一样动人，让人愉悦也让人哀伤？

汉字太强了,汉字在秦的一统之后变成文化上至高无上的权威。在汉字的威权下,语言和声音都受到了限制,听觉被视觉符号压抑。

秦始皇一统文字,在他帝国的各处立碑,"峄山碑""泰山碑":"皇帝立国——""皇帝临位——"。庄严巨大、高耸威权的汉字,从此主导了文化,语言变成弱势,声音也受文字钳制。

汉字有汉字的格律,原来鸟叫的模仿,一旦转变成固定的"关关"两个硬邦邦的汉字,歌者的声音就失去了自由表达的可能。

还有可能让"关关"两个汉字,还原成最早鸟鸣啁啾的婉转吗?还有可能解脱"关关"两个硬邦邦的汉字,还原声音的自由活泼吗?

2017年参与云门制作的《关于岛屿》时,我用目前通行的汉语朗读台湾当代十几位诗人的诗作。在录音室里,我是看着"文字"朗读的。同一天,在同一个录音室里,我录完音后,《关于岛屿》的另一位歌手桑布伊来录音,他的声音一出来,我就感觉到自己的朗读如何被文字限制,和没有文字的部落歌声如此不同。

桑布伊的声音像他东部家乡高山深谷里大风的回荡,像他东部家乡浩瀚大海的波涛汹涌,他的声音是纯粹的声音,是肺腑间的心事,可以是大风怒涛,可以是暗夜星辰间的悄悄对话。

桑布伊和许多台湾山地人歌手一样,汉字不是他们的母体文化,他们甚至是没有文字的。一个族群,没有文字的威权限制,声音才能那么纯粹吗?我仿佛在聆听维洛佐,或比维洛佐还要纯粹,纯粹到可以聆听歌者的呼吸、心跳。桑布伊的声音里有那么多咏叹,有那么多呼和吸的跌宕起伏。

原来，解脱了文字束缚，声音可以这么自由，声音有文字无法传达的力量，然而，被汉字干扰，我们已无法还原声音的温度了吧？

《诗经》的格律很稳定，"关关雎鸠，在河之洲。窈窕淑女，君子好逑"。

汉字规范了汉语的朗读，双音节的重复，形成二加二等于四的基本模式，两个四字句型，组织成八个字的对仗形式，如同最常见的对联"风调雨顺，国泰民安"。这样妥帖工整的完美格律，也就是民间成语至今还说的"四平八稳"。我们说一个人"四平八稳"，我们说一件事情处理得"四平八稳"，都来自对汉字版本的《诗经》格律的向往。

根深蒂固，汉字的朗读节奏已经很难撼动。粤语的朗读，闽南语系的朗读，都离不开这汉字的规范。黄俊雄布袋戏，布偶一出场，仔细听，口白唱腔，还是依据以四个字为基础的"四平八稳"格律。

"四"为什么"平"？"八"为什么"稳"？

把这成语翻译给不同语言的欧洲人听，他们会很难理解，为什么"四"是"平"，"八"是"稳"，拼音文字不是"四平八稳"。

"cucurrucucu"和"关关"都是对鸟叫的模仿，但格律不同。一个是声音，另一个更多的是视觉文字的规范对仗。

"关关"有可能还原成最初的自由活泼吗？能够打破"四平八稳"的伟大格律吗？我不知道。我羡慕桑布伊，羡慕他的母体文化里没有文字的拘束限制，声音可以这么纯粹动人。

　　但是我知道自己受汉字影响多么大，我的朗读处处都有文字的牵连，有时是干扰，有时也可能是启发。

　　我很喜欢《楚辞》里用文字保留下来的声音痕迹，那些在汉字里没有意义的"兮""些"不断出现，仿佛透露了文字记录者的无奈。那么丰富的呼吸的感叹，那么多声音在唇齿喉口肺腑间的颤抖振动，文字无法记录，就变成了不断出现的"兮""些"，使人记得这是歌唱，没有文字，不是语言，纯粹只是声音，因此可以"一唱三叹"。

　　一唱三叹，《楚辞》会不会是先秦时代对"四平八稳"的最早的颠覆与叛逆？读《九歌·国殇》——"车错毂""短兵接""首身离""心不惩"，发现《楚辞》有许多三音节形式，节奏快，仿佛是对"四平八稳"这唯一格律信仰的背叛。

　　那是南方的声音，充满阳光，充满气味，充满色彩，敢爱敢恨。

　　维洛佐、桑布伊的声音像《楚辞》，都能一唱"三叹"，因此动人。不能"咏""叹"，没有"兮""些"的迟疑回荡，没有如"泣"如"诉"如"慕"如"怨"，不会是动听的声音，也就不会有好的歌者。

　　哭声、笑声，都不是语言，也不是文字，却是声音纯粹的心事。汉字的"四平八稳"使哭声、笑声都渐行渐远，平淡到没有爱恨，高则高矣，却越来越没有了真正的心事的共鸣。

　　华文朗读的功课要如何做？青年一代，可以更大胆地去挑战

"四平八稳"的框架吗？可以像维洛佐、桑布伊，让声音如此美丽地飞扬吗？或者至少像宋冬野，像草东没有派对，让听他们歌唱的人，也心甘情愿地坐下来听华文朗读？

我最近常听的不是宋冬野，也不是草东，我听的是曾徐茂妹唱的《牛母伴》，两分二十九秒，没有伴奏，单纯一个人的咏唱，声腔尾音可以拧揪人心到让人潸然泪下。云门二团总监郑宗龙和音乐家林强用这一段唱腔创作了《十三声》。我回到家，没有舞台，没有舞者，纯粹声音，我听到了岛屿最美的声音，最美的心事。

修阿罗汉

选举美学

即使你很不关心选举，不看电视，不看报纸，你还是很快就知道：选举快到了。

一出门，看到门口一幅两人高的巨大人像广告牌，同行的朋友好像看到鬼，才吐完舌头，转个弯，又是一幅同样巨大的广告牌，还是同一个人，盈盈笑着，上面印着一行字：我一直在这里。我的朋友叫了一声："我的妈啊！他一直在这里做什么？"

我想了一下，这个人其实并没有一直在这里。我搬来这里快四十年了，住在紧靠河岸一排五层楼的平民公寓。那时附近没有其他建筑，有的只是几家铁皮屋，是服务墓葬的石雕工厂，刻墓碑，营造坟茔，制作骨灰坛。连现在交通繁忙的大桥都还没有修建，过河从"县"到"市"，只能搭渡船。

我很享受那时的偏乡感觉，朋友笑我，说："住在跟四十万个坟冢为伍的山坳里。"其实不止，因为除了坟冢，土地取得愈来愈难，近四十年，渡船上从原来的喇叭唢呐、敲锣打鼓、运送棺木，慢慢就只看到家属捧着骨灰坛，一路谈笑上山。山上也多了很多灵骨塔，夜晚七彩霓虹闪耀，十分华丽热闹，何止四十万。

我的"偏乡"很快就失去了原来依山傍水、交通不便的幽静宁谧。有了大桥之后，山水间一栋一栋大楼快速兴建，居民拥进来，河边建了自行车道，有了咖啡屋，发生了谋财害命的惨案。

两具尸体在傍晚随潮水漂回到咖啡屋前，停在小小的土地公福德祠前。警察把咖啡屋用黄色塑料条带围起来，"闲人勿近"，警示居民不可靠近。电视公司大举出动，一连拍了好几天，从咖啡被下药、搬运尸体，到尸体如何随晚潮归来，历历如绘，好像拍连续剧，剧情日日更换，随检调单位公布的线索发展。附近邻居或做三明治，或煮红茶加奶，或卖茶叶蛋，也意外发了一笔小财。

忧郁的作家来做客，告诉我这里有四十万个坟冢，阴阳交界。他指着我说："住在这里，不容易啊……"

究竟什么不容易，他始终不透露，我也一直不明白。

多年来习惯晨昏在河边散步，也习惯路过福德祠就合十敬拜，我总会想到，那两具尸体为什么会随晚潮回来，停泊在神祠前，仿佛有话要说。

或许，一直真正在这里的，其实是那四十万个新新旧旧的坟冢吧。

但是我的朋友关心的是这些巨大的广告牌，他问："要选举了？"

"大概吧。"事实上我不确定，因为并不关心。

"什么时候？"

"不知道欸……"

他耸耸肩，一副无可奈何的样子。

朋友是搞设计的，他当然在意视觉，他说："没有一个地方的选举广告牌这么丑。"

"在日本，选举广告是要限制大小的。"他补充了一句。

我没有特别研究，不敢表示意见。但回想起来，好像法国选举也没有制作这么大的广告牌。

我不敢打击我的朋友，事实上，我刚去过南部一个城市，那里的选举广告牌更是夸张，常常一栋十层大楼，三面都是一个选举人的头像。十层楼高，尺寸比纳粹时期的希特勒照片还要大。

为什么选举要做这么巨大的人像照片广告？

因为候选人是选民陌生的吗？

大部分的照片很难看：戴眼镜做淑女状的；伸出手要握，表示异常诚恳的；与小孩合照，表示亲民和蔼的；也有带着宠物的，或许借此表达关怀生命吧。我很同情搞设计的朋友，他常常强调简单、素净，看到这样多琳琅满目、五彩缤纷的选举广告，仿佛每一张照片都拼了命要被看到。走在南部几个城市的街道，我便在心里祈求，这搞设计、有洁癖的朋友最好选举前别南下。

左走右走，其实都逃不过这些巨大头像可怕的梦魇。

我突然想，这样巨幅的头像要花费惊人的广告费用吧。而这样一砸下去就是上千万、上亿起的竞选费用从哪里来？这些费用花下去了，不管当选不当选，又要如何赚回这些费用？

我对政治不了解，对选举无知，但是，这样的竞选逻辑是什么政党政治操控运作的结果？这便是我们自以为进步的"民主"本质吗？

"民主"如果是这样的花大钱竞选，这样的"民主"与小市民何干？与生活在温饱边缘的底层人何干？

这样花钱动辄上亿的选举，竞选者的心态是什么？口口声声选民的利益真的只挂在嘴边吗？还是背后企业金主的黑手将永远操控一个城市的"民主"？所以这些看起来如此鄙俗虚伪的脸孔，也只是企业黑手伸进政治权力结构的傀儡？

左走右走，走不出可怕的梦魇。

我们可以期待岛屿有更美一点的选举吗？

早上起床要读一遍《金刚经》，但是，如此还是不能让自己从丑的噩梦里无所畏惧、无所挂碍吗？

我知道自己修行得不彻底。

很长一段时间关注佛教传入中土以后造像的发展历史，最初是礼佛。三世诸佛的像，庄严无畏，很让人敬仰。

到了唐代，菩萨的像显然有了更重要的发展。以敦煌的泥塑彩绘菩萨像来看，华美优雅，贵气里又带着一点慈悲，大概是中土人像艺术水平最高的美学典范。

到了宋以后，菩萨的贵气少了，更平凡、更入世。四川大足石窟的造像常常是庶民百姓，觉得是左邻右坊的妈妈突然跑出来喂鸡了。

佛教造像在中土的演变过程，像是一步一步从云端走下来的神，从权威帝王的高不可攀到贵族的优雅，再下降到人间平民百姓的庶民的亲近平凡。

还有可以再下降的地方吗？

如果修行是一步一步去除自己的傲慢骄矜之气，读《金刚经》，或走在街头看芸芸众生，包括让我的朋友像看到鬼一样惊叫起来的竞选广告，我的内在还有可以去除的骄气吗？

每天读《金刚经》，常常遇到不同的修行难题。一段时间，我总停在"须陀洹""斯陀含""阿那含"几个名称上。

是老师跟学生的对话，老师问学生：我做到须陀洹，我应该停在须陀洹吗？

学生回答：不，须陀洹名为"入流"，而无所入，不入色、声、香、味、触、法，是名须陀洹。

不看、不听、不嗅、不尝、不触、不思惟，这有点像我视觉上有洁癖的朋友了。

须陀洹是修行的第一阶初果，老师和学生的对话似乎是说：修行到如此，却不可以停留在这里，因为后面还要修二果、三果、四果。

斯陀含名为"一往来"，而实无往来。

阿那含名为"不来"，而实无不来。

每一次的修行，都只是让自己知道修行中放不下的执着吗？

每一次的修行，都只是让自己不停止修行吗？

"实无有法名阿罗汉。"

一直到第四果位的阿罗汉，仍然是漫长修行路上的一个阶段，却仍然是不应该停留的阶段吗？

我想起了明清以后在中土民间盛行起来的罗汉像。多到五百罗汉，各个如街头小市民，扫地的，骂人的，嬉笑的，嗔怒的，抓背挠痒的，抠鼻捏脚的，忧郁自闭的，游戏人间的，涕泗横流的，扬扬自得的，富贵的，贫贱的……

修行最后回到了芸芸众生，原来每个人有每个人修行的路，靠扫地修行，靠骂人修行，可以都用"修行"来静观吗？像我此刻看着琳琅满目的竞选广告，如仙如鬼，或许也都在修行途中吧。

我最喜欢五代时西蜀的画僧贯休画的罗汉图，原作大概不传了。留在人间的有各式各样的摹本、仿作、石刻拓本。日本宫内厅藏的一套大概是北宋初年的摹作，可能最接近原作精神。

这些罗汉长相怪异，凸鼻凹眼，表情也极为夸张，常常让我想到比贯休晚五百多年、擅长欧洲怪诞造型的宗教画家博斯

（Hieronymus Bosch）。博斯的《人间乐园》用宗教戒律看人世间各种欲望人性的变调，他静观喜怒哀乐，都是悲悯。贯休也如此，用佛教的阿罗汉，写人间各种相貌，可憎可爱，都只是修行的镜中幻象吧。

贯休在文化史上创了罗汉一格，他说是"梦中得来"，可以写"梦中所见"。回到现实，看芸芸众生的喜怒，也就可以一笑置之了吧。

这些罗汉吐舌瞪目，嗔怪骇异，其实比今日街头的竞选广告要更多彩多姿，只是没有贯休，少了美学上的悲悯，难免肤浅，也就难发人深省了。

罗汉从十六发展成十八，再快速扩大为五百，显然，民间的修行有自己的途径。在街头煮好一碗担仔面，在交流道卖二十元一束的玉兰花，黄昏挨家挨户收垃圾，都像罗汉应真。有一次夜晚，我去某报社，一群编辑趴在桌上看或好或坏的文稿，愁眉苦脸，真像贯休笔下苦读经文的罗汉，一时会心一笑。

想到街头丑到爆的竞选广告，想到气愤说"看到鬼"的朋友，仿佛都可以入贯休画中了。

池上谷仓

池上艺术馆

二〇一四年十月下旬，台湾好基金会柯文昌先生推动池上艺术家驻村计划，我应邀成为第一位驻村艺术家。

住进池上，我认识的不只是池上，也可能是台湾目前大多数传统农村共同的现象吧。

池上是典型的传统农村，学校教育最高只到初中，初中毕业就必须外出升学。池上在最热闹的中山路只有一家老书店——池上书局。在池上散步，从我住的大埔村走到福原村，看到一间废弃许久的五洲戏院，放映电影的广告牌是《八百壮士》，演员有林青霞、柯俊雄、张艾嘉、徐枫。上网查了一下，《八百壮士》是一九七五年的电影。

匆匆四十年过去，台湾的农村剩下废弃的戏院，使人直觉一种没落和停滞。

池上，这个传统农业乡镇，文化发展也会像这间停演很久的戏院吗？停在四十年前。

四十年过去，台湾的都会改变很大。到了二十一世纪，农业也都已经现代化、机械化，池上除了一所最高教育的初中，除了一间书局、一间关门的戏院，还能有其他的文化追求和向往吗？

许多人到池上，认识池上的有机农业，认识池上的美丽风景，赞美池上的淳朴，池上居民也有强烈的小区公民意识，但是，住了一年、两年，我还是在想：传统的农村可以增加什么文化的空间？

二〇一六年五月，我总结两年的驻村经验，开了画展。池上农民热情，运来一车一车的稻秆，替我装饰展场。嗅闻着空间里满满的稻草香，感觉到池上人的诚挚，更会不断思考：池上下一步，除了优质的农业，还可以做什么？

陆续来的驻村艺术家带来了不同的创作视野。曾永玲开了金属工艺的工作坊，李贞慧教授了胶彩画，鲁汉平与池上懂书法的朋友交流，阿美人艺术家拉飞和妻子海地开办木刻工坊，旧金山回来的董承濂在池上中学介绍他如何利用磁悬浮让金属飞在空中旋转。我看到农村青少年瞪大的眼睛中透露出他们对新科技与前卫新艺术的惊叹。

有优质农业为基础，池上也一定会发展出优质的文化吧。

到池上之后，我得到池上人的许多关心和帮助，特别是一些农民朋友，像张天助、梁正贤。他们是双脚踏在大地泥土里半世纪的农民，勤劳、俭朴、诚恳、务实，我从他们身上学到很多。知道自己在学校半世纪认识的多是知识分子，知道自己的局限，知道自己的"四体不勤，五谷不分"。但我有幸可以在这个年龄从头学习，跟真正在土地里劳动的人学习踏实生活。

二〇一五年春天，住进池上几个月后，我每天在宽阔的自然里走路，视野好大，一边是海岸山脉，一边是中央山脉，风景完整而不琐碎。这样的风景让人很想处理宽阔的大画面。我在八里的画室不大，在池上大埔村的画室也不大，画到一百五十号的风景，往往距离就不够。有时候趁天晴，把画搬到院子里看，空间拉开，才看得出构图上的问题。

我跟负责执行驻村计划的徐璐反映，她是解决问题的人，立刻着手找大的空间。她问到她最敬重的梁正贤大哥，梁大哥立刻说有一处闲置的老谷仓可以给我用。

我去了谷仓，就在梁家中山路多力米后方，西边紧邻火车道，不时听到南来北往的火车声。

谷仓南北长约三十米，东西宽十三米，西侧是一个卡车过重用的地磅，二〇〇一年设立，使用机械秤称重。载满稻米的卡车在此过磅，一卡车重五十吨。

这老谷仓是在一九五八年由梁正贤的祖父梁火照先生兴建，作为稻米仓储。最初没有机械运输，都由人力搬运，手动过磅。一麻袋稻米是九十公斤，称好后，人工搬到屋顶横梁高处，再往下倒。

六十年历史的老谷仓，曾经储存一代一代借以吃饱的稻米，空间里好像还弥漫着六十年来米谷的温暖气息。我何其幸运，要在这样的气味记忆里画画。

我喜欢这种老式仓储实用空间，屋顶高，通风好，大片墙面，完整没有间隔。

进去以后，因为太久没有使用，有一点潮湿霉味，使我想起池上的砖窑厂，想起废弃的五洲戏院，想起许多闲置空间，都有这淡淡的潮湿霉味，好像在抑郁中等待人们来拂扫清理，重新使用。

谷仓空旷的空间使我吸了一口气。哇，这样大的空间要画怎样的画呢？有点兴奋，却又忽然有点不安起来。

我跟徐璐说："这么大，我一个人用，好可惜。"

忽然想到：池上不是应该有个艺术馆吗？谷仓，可以是艺术馆吗？

"不要做我的画室，应该做艺术馆。"我跟徐璐说，"以后许多艺术家来，留下作品，需要展示，驻村计划的成果可以跟在地居民有对话的窗口。"

我相信这是台湾好基金会创立的初衷，我相信这是最初提出驻村计划的柯文昌先生的理想，我相信这是赞助驻村计划的复华投信杜俊雄先生所乐于见到的结果。

徐璐是执行的人，她也立刻了解了这个老谷仓变成艺术馆对池上居民的重要性。

我们有很好的因缘，因为我们心里都在想：谷仓产权的拥有者梁正贤大哥一定也乐于这样的构想的完成吧。

因此，我少了一间画室，池上多了一间艺术馆。

六十年历史的池上老谷仓改建前外观

陈冠华、大直设计团队、元智大学艺设系

梁正贤很快就决定了提供老谷仓做池上艺术馆，并且提供建造的费用。

接下来的问题是设计，六十年的老谷仓，如何转型成为艺术馆？

我和徐璐都有共识，并不赞成台湾总是拆老房子，再请一个明星设计师纸上画图，盖一个与在地文化无关的建筑。岛屿老房子不断被拆除，不断夸耀外来的建筑明星，居民的记忆被抹杀，没有记忆，没有过去，"爱台湾"变成空洞口号。

我认识陈冠华很久，从他在逢甲读建筑系时期就开始。他对文学、音乐、各类艺术都有广泛关心，也一直相信建筑和居民、建筑和在地文化、建筑和生活不可分的关系。

大学毕业后陈冠华去俄勒冈深造，受西岸亚历山大学派的影响，他强调建筑与在地居民小区生活的关联，在设计之前必须对小区历史文化有长时间且全面的了解，用有机的方式使新建筑与旧小区产生互动与对话。

回台湾后，除了在大学教书，他还带领学生上山下海，认识岛屿的历史、生态、文化。近二三十年，他在东部海岸设计建造了一栋一栋低造价、使用当地材料、与环境生态结合的房子。他与岛屿建筑炒地皮式的建筑习气背道而行，低调、不奢华、反对明星式的虚夸。近两三年，他在东部的设计成果受到日本东京大学建筑学者的注意，他们对他多年坚持的建筑美学进行了报道，也举办了研讨会。

我建议由陈冠华和他的团队来主持谷仓改建。二〇一五年五月，他就带领元智大学艺设系学生和大直设计团队——许多对老小区有热情的青年住进池上，开始他们的小区作业。

设计，特别是建筑设计，可不可能不是一个人在纸上的自我表现？艺设系学生和大直团队，于二〇一五年五月二日在池上办了第一场"图章彩绘谷仓"，和当地居民一起重新认识一栋老建筑。六十年历史的老建筑，一九八六年以后就逐渐停用了，废弃了三十年，附近的居民还能唤起他们的回忆吗？曾经每个月拿粮票在这里领米，曾经扛着九十公斤的麻袋爬上高架桁梁，曾经有一辆又一辆卡车的稻米在此过磅……六十年过去，谷仓会留下什么样的记忆？

元智艺设系学生和大直团队的年轻朋友认识当地居民，聆听当地居民，记录居民生活的点点滴滴，像拼图一样，慢慢拼出谷仓的记忆。许多老照片被找到，居民的脸被拍照，图贴在谷仓上。负责设计的团队，在动手绘图改建之前长达一年间，做好了认识小区的功课；为了与居民互动，持续办了好几次与居民的对话——

设计团队寻找记忆，在谷仓墙面按年代贴上老照片

"彩绘T-shirt""照片回顾展""谷仓音乐会"。设计团队努力让居民回到谷仓，在曾经熟悉的空间相聚，回忆六十年来的故事。谷仓曾经是多么重要的岛屿记忆，曾经是富有的记忆，温饱的记忆，如今废弃不用了，这个荒废的空间还可能复活吗？还可能在地方居民温饱之余给予他们更多精神或心灵的富足吗？

元智大学艺设系学生与大直团队，许多年轻人在池上驻村九个月，一次一次地沟通、对话。九个月后，有一天走在入夜的池上田野，陈冠华跟我说："我向居民保证，他们记得的，我都会留着。"

设计模型完成了，陈冠华带到谷仓现场，让所有多次参与的居民发表意见。

池上的谷仓——大家的艺术馆

经过一整年的施工，二○一七年十二月九日，谷仓艺术馆开幕祈福。梁正贤请来主祭山地人头目林阿贵，并说，这个谷仓以前的使用者百分之八十是山地人，应该以山地人的祈福开幕。我忽然想到许多山地人朋友的名字叫"巴奈"——稻穗的意思。我看到祈福的主祭宣告："天上的神，大地之母，我们远古至今的祖灵，请允许我们召唤，祈求你们的降临。"这样的宣告是召唤天地山川，是召唤祖先一起参与美的盛宴。

从小参与很多庆典，祈福的内容很少是召唤天地山川的祝福。山地人的部落传统，一直与大自然息息相关：他们生活在山脉海洋大地之中，单纯朴实，天地山川远比"国家"重要，祖灵的祝福当然也比"政治人物"重要。

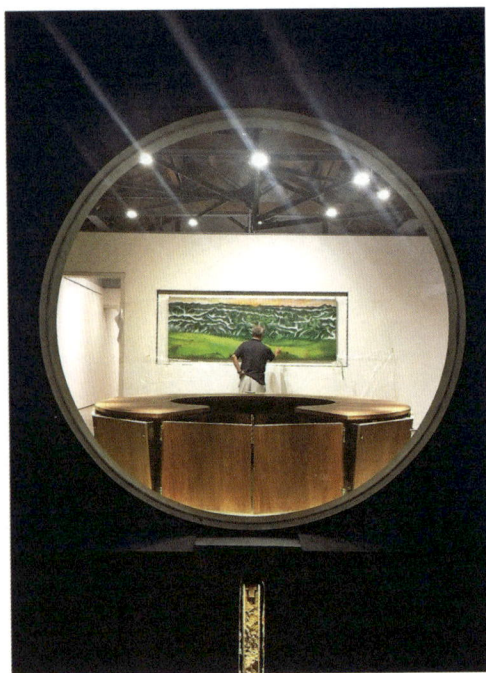

右上一艺术馆保存旧谷仓的桁梁并加入新钢铁结构

右下一池上谷仓艺术馆落成外观

左一透过池上谷仓艺术馆的圆窗，可看到蒋勋捐赠的作品《山醒来了》

这一篇由山地人头目主祭的祈福文，或许是岛屿最应该珍惜的精神吧。

没有任何官方资助，六十年的老谷仓，由农民梁正贤提供，由民间设计团队参与完成，这是岛屿历史上真正蕴含的文化力量吧。

我觉得很骄傲，只有池上做到了这样的改建，从大家的谷仓到大家的艺术馆，比所有繁华都会的艺术馆更简朴大方，干干净净，没有琐碎虚夸的装饰。原来木结构、土砖结构的墙面桁梁都留着，和现代的铸铁、玻璃结合成新旧和谐的造型。黑瓦斜屋顶，开阔的长廊，路人可以透过圆窗看到艺术馆内部的展示画作。这是一个强调与居民互动的艺术馆，仍然保持着老谷仓的温度与幸福感，不疏离，也不高高在上。这所谷仓艺术馆，提供了岛屿旧建筑转型的美学方向，将在岛屿的历史上写下新的一页吧。

许多艺术家参与了开幕的首展，席慕蓉、林铨居、李贞慧、曾永玲、连明仁、拉飞·邵马、叶海地、董承濂、简翊洪、钟舜文，大家共襄盛举，为谷仓艺术馆的成功祝贺，为梁正贤与陈冠华团队的合作喝彩。

池上有属于大家的谷仓，池上也有属于大家的艺术馆。

参与谷仓艺术馆开幕，我很想跟着主祭头目大声念出："天上的神，大地之母，我们远古至今的祖灵，请允许我们召唤，祈求你们的降临。"

落了片白茫茫大地真干净

《红楼梦》的结局

偏见与偏见之间

三十年前讲《红楼梦》，高雄讲一次，台北讲一次，各讲了四年，都只讲前八十回。对象是各行各业爱《红楼梦》的大众，像读书会，我随兴讲阅读心得，没有什么章法。有人录了音，事隔三十年，网上流传未经校订的内容，已经无法控制。

当时为阅读方便，我推荐艺文印书馆依据上海戚蓼生评注的本子，六册一函，蓝布线装，很典雅，一共两函。这个本子有八十回，原名是《石头记》。

那个年代，大众阅读少见手工线装书。学生说，回到家里，"歪"在床上，手中一册蓝布线装书，常常把下班回家的先生吓一大跳。

我觉得小说就是小说，跟"手工""线装"没有必然关系，主要是要好看。不好看，故作"古典"，还是不会好看。小说被大众喜爱，纯粹因为兴趣，如果不是做论文，拿学位，还是不要吓人的好。

听到学生叙述她先生如何被线装《石头记》吓到，我觉得抱歉，因此又推荐了一九八二年冯其庸领导团队校勘整理的一百二十回本《红楼梦》。石印本《石头记》有八十回，这个本子有一百二十回，故事完整，校订注解详细。书前有插图，是近代画家绘作，不及清代改琦（一七七三——一八二八）画得古雅。敷彩浓艳，造型写实，已受西画影响，对大众来说，也还赏心悦目。

冯其庸的本子参证世界各地手抄本、木刻本，"校记""注释"工作详尽，是很好的入门书，我以为至今仍无他本可比。

这个版本也有它的"偏见"，到了后四十回，显然不太承认是作者原稿，因此常常在每回的结尾加上"说明"，评比前八十回和后四十回的不同。例如，读到第一百零二回《大观园符水驱

通灵宝石
绛珠仙草

妖孽》，"说明"指出："原作和续作对于鬼神迷信的描写都占有篇幅，但是前后两者却有所不同。曹雪芹笔下关于鬼神迷信的描写，用的是虚笔，似有似无。"

他接着批评后四十回："鬼神迷信的描写，降低了作品的艺术性。"意思是说，后四十回鬼神的描写少了"似有似无"的韵致。

冯其庸讲的"似有似无"，是原作精彩之处。例如第十三回，秦可卿死亡前曾托梦给王熙凤，预告家族未来。这到底是秦可卿的鬼魂，还是王熙凤的梦境？作者留了空间让读者想象，"似有似无"，耐人寻味。

冯的"说明"不断指出前八十回与后四十回写作风格的不同，这个版本的"校记""注释""说明"是帮助读者评比前八十回与后四十回很好的佐证。

冯其庸一生考订《石头记》，评比各种版本。他的结论很清楚，后四十回文学性、艺术性流失。他逐回比对，指出某些人物性格前后的不统一，像贾宝玉、林黛玉丧失了前八十回的"叛逆"，明显向世俗妥协。

我用了"偏见"二字，因为后四十回的真伪至今众说纷纭，一定要说谁对谁错，不如先用"偏见"二字看待。我自己也有"偏见"，"偏见"要等有足够强的理由出现，才能修正。

所以介绍冯其庸的校释本子时，也常常提醒读者，这里面可能有冯的"偏见"，阅读时小心判断，多参证不同说法，也就不会受"偏见"牵制。

"偏见"人人都有，本来也不严重。一个还没有结论的现象太早下定论，让读者没有转圜思考的空间，"偏见"才可能变得

元黄子久
富春山居
圖卷真迹
燼餘殘本

黄公望《剩山图》
（浙江省博物馆藏）

严重。

二十世纪七十年代，围绕黄公望的《富春山居图》，世界华文学者有过美术史的大论战。

黄公望的晚年杰作《富春山居图》，明代就成了传奇。沈周收藏过，被诈骗调包；董其昌收藏过，在隔水写了"吾师乎，吾师乎……"，奉为神品。明末，董其昌家败，《富春山居图》流到吴问卿手中。问卿一生没有家室，把一张画当成爱人，亡国之后，将画卷带在身边，"卧以游之"。临死前，问卿命侄儿火殉，烧了这旷世名作。这张画因此烧成两段，前段在浙江省博物馆，后段在台北故宫博物院。

这是大家熟知的故事，除了画作本身，又多了许多故事性。名作加上传奇，到了乾隆皇帝即位，这人是爱热闹的个性，当然非要收藏这卷子不可。皇帝爱热闹，就有人附和。乾隆十年（一七四五年），有人进呈《富春山居图》，乾隆当然高兴极了，重金购买。收藏到名作，他大显身手，在卷子上又盖章又题诗，大书特书。这卷子叫"子明卷"，就在台北故宫博物院，画面所有留白都写满了字、盖满了章，惨不忍睹。人不知谦卑，是蛮可怕的。

"子明"确有其人，是黄公望的朋友，一起游山玩水，喝茶下棋。制作假画的人下了功夫，研究黄公望生平交游，

富春一角

硬生生做出一个假黄公望。

"子明卷"的《富春山居图》被乾隆收藏不到一年，真本就出现了。

真本是黄公望晚年送给师弟无用的，上面有黄公望落款，有"无用师"的名字。

这两张卷子在台北故宫博物院并排摆在一起展过。"子明卷"规矩严谨，笔法工整，因为要模仿，比黄公望还像黄公望。但是"无用师卷"大气浑成，随意信笔涂抹。对创作者而言，看到这样的作品只能说"过瘾"。可以想象董其昌多么激动，在卷上写"吾师乎，吾师乎"。他是爱说理论的人，这时仿佛也只有欢喜赞叹。

一直到二十世纪，"子明卷""无用师卷"还在争议，未有定论。

记得当年论战时，我还是学生，台北故宫博物院的庄严老师、李霖灿老师都拿这场论战来上课，也调出两个卷子当场让我们比较。

那时徐复观先生在东海授课，他是大家尊敬的学者，其关于中国艺术精神的论著对时人甚有启发。徐先生在这场论战中独排众议，大唱反调，一口咬定"子明卷"是真，"无用师卷"是伪。

创作的人大概都看得出两个卷子的差异，庄严先生是淡泊文人，他总是咬着烟斗，微微笑着，仿佛欣赏一种花，听学生做报告，听学生激昂批判徐先生的论点。庄老师听完，徐徐吐烟，说了一句："人都有偏见。"

自己年纪大了，很怀念当时在庄先生家上课，来了台静农老师，来了孔德成先生，喝酒闲聊，云淡风轻。

《红楼梦》的问题和《富春山居图》很相似，不同观点都还在发展，急于下结论，莫如看看别人的偏见，也看看自己的偏见，云淡风轻。

高雄四年的上课录音，讲得很细，也是我第一次把小说里的许多小人物挑出来，做单篇论述，也就是近几年写的《微尘众》的雏形。像薛蟠，这个看起来不学无术、粗鲁鄙俗、被宠溺坏了的富家少年，在小说一出场就打死人（冯渊），硬抢别人未婚妻（香菱）。《红楼梦》在前八十回里写最不堪、最鄙俗的人物，写他们的愚昧无知，写他们欲望上的贪嗔痴，可恨可爱，却从没有对人性的全然否定。《红楼梦》对我而言是一部佛经，作者从繁华到没落，他对一切看得透彻，"一切有为法，如梦幻泡影，如露亦如电……"。

了悟生命本质绝对虚幻，对人世爱恨还会有分别执着吗？

我用这样的心境读前八十回，读许多微尘众生的卑微与庄严；我也用这样的方法读后四十回，读到薛蟠又在酒楼里打死了人，被关在牢里，薛蝌努力张罗，设法营救。薛蟠的妻子夏金桂和丫头宝蟾，想方设法，诱惑薛蝌。一直到一百零三回死亡，夏金桂在续写的部分始终是一个一无救赎可能的"坏女人"，淫欲、卑劣、残酷、刻薄、悭吝、惹是生非，每天闹到鸡飞狗跳，最后还给香菱下毒。她的坏，这样直接；她的坏，坏到让人憎恶讨厌。一旦警觉到心中生"憎恶"，我可能才恍然大悟，为什么前八十回中没有一个人物使我"憎恶讨厌"，而阅读后四十回时，为什么如

张爱玲所说，人物"面目可憎"起来了。

现实里有没有夏金桂这样卑劣到不堪的人？当然有。

但是，《红楼梦》前八十回，为何从不这样写一个人物？为什么前八十回最恶质的生命，像倪二，像马道婆，像赵姨娘，像夏婆子，他们只是让作者觉得愚昧，愚昧写完，作者对人的愚昧却有不忍？常笑别人蠢，通常大概自己的生命不会高明到哪儿去。

"无明"是愚昧，然而众生都在"无明"中。一个好的创作者不会轻易嘲笑愚昧，指责"无明"，而是可能在愚昧者的身上领悟到自己的五十步笑百步吧。

一百零五回《锦衣军查抄宁国府》是全书重要的一回。锦衣府赵全赵堂官嘴脸狰狞，得意忘形，抓到别人一点把柄，即刻就要生事，沾沾自喜，张扬夸大。续作者刻意安排北静王出现，在抄家的危局中帮助西平王护佑贾府。赵全听说北静王到了，心里想道："我好晦气，碰着这个酸王（西平王）。如今那位来了，我就好施威。"

人世间的斗争如此残酷难堪，小人嘴脸，作者一定也都看多了。在家族落难时，如何被侮辱欺凌，如何被小人落井下石，这些，作者比任何人都更清楚。抄家一段写小人之坏，却少了经历大劫难者心境上的无限苍凉。大劫难的经历，让一个生命看着眼前的小人嘴脸，看到的不是恨，而是彻底领悟：啊，原来小人长这个样子……

小人的样子，或许恰是每一个众生都可能有的样子。作者细细描述，不是让读者讨厌这个人，而是很深的自省，很深的悲悯吧。

杨绛过世，我很怀念多年前在她北京家中闲谈。她的脸上总是微笑着，如此温暖，如此宽容，然而我们都知道她受过多么大的侮辱折磨，在"文革"时如何被小人斗争。

经历过巨大的劫难，哪一种嗔怒不能放下？哪一种眷爱不能放下？

贾宝玉何等厌恶赵姨娘，贾宝玉何等眷爱林黛玉，然而，到了抄家，一百回之后，我总觉得仿佛看到宝玉端坐在赵姨娘、林黛玉之间，无嗔，也无爱。

"如我昔为歌利王割截身体……"说的是身体在被割截肢解时，领悟了"无我相""无众生相"，在那个痛彻心扉的时刻，若还有我，"应生嗔恨"。

或许后四十回的真伪问题永远不会解开，后四十回的"补"，"补"到什么程度？全部改写，还是依据真实残稿的修正其实是关键所在。可惜两极的对立，只有"全部真""全部假"两条死路，更不能逐一在后四十回里找到两极对立之间可能的中间地带。许多宋画，过去真伪的讨论也只有"真""假"，但是也有人提出，一张郭熙原作可能在元明清三代经后代大画家"补笔"，这时"补"和"原作"可能就同时并存在一张画中了。

过去讲《红楼梦》从不涉及后四十回，有一部分是想避开考证。我有偏见，文学美学到了要"考证"的时候，琐琐碎碎，有点煞风景。我还是喜欢原作者开宗明义的一句话——"假作真时真亦假"，像早已预知后世烦烦琐琐的纠缠，作者留下了一句这么不合逻辑的"偈"。何为真？何为假？作者让众生在纠缠无明时跳脱一下执着，可以了悟解脱。

其他领域的切入

文学领域谈《红楼梦》，有时因为身在其中，"不识庐山真面目"，有看不到真相的限制。

这几年看了一些不同领域的作者对《红楼梦》前八十回与后四十回的讨论，觉得有趣。跳脱自己的障碍，从另一个窗口看风景，有豁然开朗的领悟。

潘富俊先生出版了《红楼梦植物图鉴》。潘先生是植物学专业的，他把《红楼梦》分成三部分，每四十回一组，挑出各回谈到的植物。他做了统计，结论有趣：第一个四十回，每回出现的植物平均是 11.2 种；第二个四十回，平均是 10.7 种，相差不大；但是，到了第三个四十回，也就是许多人读起来觉得怪怪的后四十回，每回出现的植物平均值锐减为 3.8 种。

这会是偶然的现象吗？

一个作者有丰富的植物经验，书写植物，描述植物，植物变成人物的象征隐喻。为什么宝钗是牡丹？为什么黛玉是芙蓉？为什么麝月抽出了荼蘼？为什么怡红院是芭蕉与海棠？为什么潇湘馆是泪痕斑斑的湘妃竹？为什么蘅芜院是攀藤类的杜蘅、蘼芜？

植物在前八十回里占如此重要的篇幅，但是，潘先生丢给大家一个问题：后四十回，植物从十几种突然锐减为三四种，减少了一半不止，如果是同一个作者，他的植物世界为何贫乏了起来？

这几年，更有青年一代从非常新颖的统计学方式切入，探讨前八十回与后四十回的异同。

我在网站上读到了一些计算机专业的青年学者，用"词频"的机械方式统计《红楼梦》书中词汇出现的频率。"词频"不涉及文学，是书写最小单位的词汇用字习惯。如同我们每个人说话

左一灵芝，
林黛玉本命花
（《绣像红楼
梦》）

右一海棠，
秦可卿本命花
（《绣像红楼
梦》）

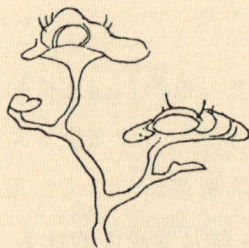

灵芝

海棠

都有习惯，像"而且""如果""所以"这种不涉及情节叙事的连接词，一旦把近百万字的庞大的《红楼梦》输入到计算机中，就会清楚看到词汇文字的使用习惯。

我在网络上看到青年学者的计算机归类统计图表，真是有趣，前八十回的"词频"和后四十回的"词频"出现明显不同的惯性。

这些青年学者多是计算机专业，他们也用同样的"词频"方式整理《三国演义》和《水浒传》。这个领域我个人不熟，初次接触，不敢太快下结论。很显然，这些青年学者希望对张爱玲提出的后四十回中"一个个人物都语言无味，面目可憎起来"做进一步客观具体的论证。张爱玲的"敏感"要有具体论证才更具说服力，也才可能是未来《红楼梦》研究的新方向吧。

从植物切入，或从词频切入，使我们捐弃成见偏见，都可能是破解《红楼梦》之谜的新方法。

尾声

回到冯其庸的"说明"，第一百零七回《散余资贾母明大义，复世职政老沐天恩》是在贾府被抄家之后的重要转折。这个在政治斗争里陷入抄家悲剧的贾家有"复兴"的可能吗？

第一百零七回，贾政受皇帝天恩眷顾，发还家产，恢复了祖先世袭爵禄，复兴家业。这是原作者真正要写的结局吗？冯其庸在"说明"里笃定否认，他说："下面十多回（指一百零七回之后），既写衰败，又写复兴。而复兴事愈来愈多，到最后两回达到顶点，使贾家真正复兴起来了，这是续书对曹雪芹创作思想的最大歪曲。"

冯其庸的结论太确定了，我读起来也觉得突兀。他说的恰好是最后二十回的内容，主线是贾家从抄家到复兴。

冯其庸的理解是：原作者并没有要写自己家族的复兴，抄家后的复兴是续书者的妄想。

富贵荣华将近百年的世族，一旦抄家，会是何等景况，我们已很难用今天的思维去判定。第一百零八回，抄家之后，贾赦获罪流放，女儿迎春回家，本来要见父亲，她的丈夫孙绍祖"拦着不许来，说是咱们家正是晦气时候，不要沾染在身上"。

何止孙绍祖无情，古代世族在政治斗争里被抄家，实例很多，残酷到难以想象：亲人不能相顾，各自撇清，划清界限，不惜夫妻反目，亲子相残。近代政治斗争也一样如此。这种残酷的现实，《红楼梦》的作者是经历过的。许多资料显示，曹雪芹后来沦落潦倒，生计艰难。他在那样的难堪中活下来，只是为了完成一部书，一部彻底幻灭也彻底绝望的书，他会对家族复兴抱一点妄想吗？

第一百一十回《史太君寿终归地府》写贾母八十三岁死亡，第一百一十一回《鸳鸯女殉主登太虚》写鸳鸯的殉主自杀，冯其庸的"说明"中又出现对续书者观点的质疑："贾府在鸳鸯死的问题上大做文章，一口咬定鸳鸯是'殉主'，这样掩盖了逼死鸳鸯的罪行。"

鸳鸯的故事我们很熟了，她是贾母身边的得力丫头，像女秘书，执行所有贾母的指令；也像特别看护，贾母何时添衣服，何时用膳食，都是鸳鸯打点关心。鸳鸯管理贾母所有物件，一丝不苟，条理分明，也从不徇私舞弊。

鸳鸯一心只是照顾贾母，从九岁到十六岁，从没想自己的未来。她安分低调，但是还是逃不过悲剧命运。大老爷贾赦看上了她，想跟母亲要来，放在身边做小老婆。鸳鸯坚决反抗，铰了头发，发了重誓，要服侍贾母归西，然后自己就出家或自尽。冯其庸是从这样的逻辑中推出鸳鸯之死其实是无路可走。贾赦恼羞成怒，要一个小丫头要不到手，说了重话，要鸳鸯明白，贾母一死，失了保护，她必然还是逃不过老爷的魔掌。鸳鸯的死是一种抗告控诉，无可奈何。

鸳鸯一心要死，找不到方法，后来秦可卿的鬼魂出现，拿了一根白绫，鸳鸯得到指示，才选择了上吊。事件落实，但少了鸳鸯内在世界做完一生大事的浩叹。鸳鸯的死亡其实不在第一百一十一回，第四十六回时，贾赦放话要鸳鸯来做妾，那个当下，鸳鸯就只有两条路：一是遵从，二是死亡。鸳鸯活了下来，把贾母的余生照顾好，如同作者在抄家后写一本书，他们是在死亡前修行，必然不只是找死的方法如此简单吧。

因此读《红楼梦》最后的结尾，不断回到前八十回做印证，不轻信别人的结论，可能是最好的评比方式。

第一百一十回贾母死亡，是大小说进入尾声了，"树倒猢狲散"。我们读着小说，满眼繁华，人物一个一个出场，花团锦簇，常常会忘了繁华里那一棵屹立不摇的大树，枝繁叶茂，家族百年的富贵荣华是因为有一位像贾母这样的家长。

贾母其实极精明，她在贾家六十多年，从孙媳妇做起，她是真正管家的人。她懂得管理，小说里几乎所有出色的丫头都经由她调教过。她精明干练，但是小说一开始，她已经像退休的董事长，诸事不管，家务都交给孙媳妇王熙凤打理。贾母每天只跟孙

左一贾母（《红楼梦图咏》）

右一鸳鸯《红楼梦图咏》）

左一紫鹃（《红楼梦图咏》）

左一贾母（《红楼梦图咏》）

左一紫鹃（《红楼梦图咏》）

右一鸳鸯（《红楼梦图咏》）

子辈玩笑吃喝、看戏闲聊，但作者不时透露老太太的精明，例如第四十回，刘姥姥来了，贾母带着刘姥姥逛大观园，看到潇湘馆窗纱颜色不对，随口就说起库房里放了几十年的"软烟罗"。"软烟罗"的出处、四种色彩，她都清清楚楚。一种银红的叫"霞影纱"，她说用来糊窗纱，衬着外面绿色的竹子，有颜色对比才好看。

这是贾母管理的细腻，几十年记忆如此清晰，但要给目前的管理者王熙凤留余地，因此贾母说得委婉，给王熙凤留了做事的空间，也透露了她杰出的美学品味。分配昂贵稀罕的"软烟罗"给众人，贾母最后不忘叮嘱留两匹给刘姥姥。乡下来的贫穷婆子，贾母也不会忘了要照顾到。

这是贾家富贵百年的秘密，管理者精明而不刻薄，真正是一棵大树。大家看到的是树上面的光鲜亮丽、枝繁叶茂，看不见泥土下面深根广远的基础。贾母正是那棵大树的根本，她在，众人便安心，可以安享荣华。贾母逝去，家族繁华便失了依恃，树倒，当然猢狲都散。作者在小说一开始的谶语中说贾母的大树倾倒，家族荣华自然一夕烟消云散。所谓续书里努力经营的"家族复兴"，恐怕也的确不是原作者的初衷吧。

贾母走后，鸳鸯自尽，接下来就是王熙凤的死亡。"力绌失人心"，王熙凤有贾母的精明，却少了贾母的宽厚，贾母都看在眼里，但她没有选择。她的两个儿媳妇王夫人、邢夫人，都既无能又心胸狭窄，贾母只有把管家重任交到王熙凤手上，但她清楚知道这样苛酷的管家方式，伤了家族，也伤了管理者自己。

贾母常常要施济贫穷，她也常虔诚祈祷。第二十九回贾母看戏，在神前卜出戏码，从汉高祖斩蛇起义的《白蛇记》到郭子仪家族荣华盛极的《满床笏》，再卜出繁华匆匆逝去的《南柯梦》，贾母仿佛一切了然于胸，却始终沉默不语，她看到天意，人力不及挽回。贾母嘻嘻哈哈，但本质上总是荒凉。她带着儿孙赏月，在桂花丛里品笛聆乐，她看到繁华背后的荒寂，默默流下眼泪。她最疼宝玉、黛玉，因为宝玉、黛玉和她，都一起看到了繁华尽头白茫茫一片真干净的大地。

第一百一十二回妙玉的遭劫，第一百一十三回赵姨娘的死亡，都有些突兀。

再读一次妙玉遭劫一段的文字："那个人把刀插在背后，腾出手来，将妙玉轻轻的抱起，轻薄了一会子，便拖起背在身上。此时妙玉心中只是如醉如痴。可怜一个极洁极净的女儿，被这强盗的闷香熏住，由着他掇弄了去了。"

我在《微尘众》一书里对后四十回妙玉的描写有很多讨论，传统世俗社会有对"尼姑思凡"的长期妄念心理。男性在"尼姑思凡"的想象里像看A片一样满足着淫欲吧。"欲洁何曾洁，云空未必空"，妙玉的判词却毫无一点轻薄，也是作者最大的悲悯处。我们每一个人其实都是"欲洁何曾洁"，我们每一个人也一样"云空未必空"，那么，哪里敢在妙玉的劫难里有一点嘲笑轻薄？

其后是赵姨娘的死亡。赵姨娘和马道婆勾结，用法术陷害过王熙凤和贾宝玉，此时发病，口中恶魔，是马道婆鬼魂前来勾索了吧。

赵姨娘在前八十回无论如何难堪鄙琐，总让人看到她的无知愚昧，无知愚昧到令人不忍。她是佛经里说的"无明"，她自然

无法反省自己的"愚昧"。那无明的悲苦使她身陷万劫不复的炼狱，折磨自己，也折磨亲人。但是看到她像是被厉鬼催逼，还是不忍，不知应该如何改写赵姨娘的死亡。

赵姨娘可厌可恶，可笑可恨，但我总在她身上看到《红楼梦》的悲悯。众生间有多少赵姨娘，我们若一一恨去，其实也就很近似赵姨娘了。

读第一百一十三回，总觉得想改写赵姨娘的死亡。

是的，改写。人人心中都有《红楼梦》的结局：黛玉如何死？马道婆如何死？贾府如何抄家？贾母如何死？鸳鸯如何死？王熙凤如何死？迎春如何死？妙玉如何遭劫？惜春如何出家？第一百一十三回，巧姐儿如何躲过劫难，被刘姥姥救到乡下？

也许回到小说开始的判词，每个人的结局都已经写得清清楚楚了。按照第五回的判词，是可以续写《红楼梦》的，但是，有趣的是"词频"不同，植物少了一半，虽然结局事件相同，像塑料花替代了鲜花，气味不见了，文学的氛围自然出现变化。

第一百一十四回之后，作者努力要在最后让繁华重现，甄应嘉"蒙恩还玉阙"。"甄"家一直是"贾"家的暗示，"甄"家先抄家，接着就是贾家抄家，此时"甄"家蒙皇恩复职，也当然预告"贾"家复兴。《红楼梦》最后十回总让人觉得逻辑太规矩，速度太快，少了小说扑朔迷离的趣味。

第一百一十五回，甄（真）贾（假）宝玉的见面，这一段应该是结尾的一个重要情节。"云门舞集"的林怀民编舞，舞台上有两个宝玉，这是抓住了《红楼梦》的神髓。书中一直有两个宝玉，同样年龄，同样长相，同样性情，他们却始终没有见面。

我们总觉得世界上有另一个自己，跟自己如此相像，又始终无法见面。那个自己，有时近，有时远，扑朔迷离，若有似无。

甄宝玉和贾宝玉在第五十六回见过面，是在梦中相见的。贾宝玉睡在榻上，看着镜子里的自己，蒙眬睡去，神魂出窍，去了南方甄家，见到甄宝玉，见到梦里的自己。那一次相见如此迷离，使人看到第一百一十五回的"甄""贾"相见，反而怅然若失。

我们跟另一个自己要如何相见？我们跟另一个自己要如何说最深的心事？

我们跟另一个自己渴望相见，却又觉得还是莫如不见？

我们都有寻找另一个自己的渴望，也同时又有恐惧。

第一百一十五回，甄宝玉出现了，不是在镜子里，不是在梦中，是在现实世界。这样的出现，让我大吃一惊，连贾宝玉也怅然了。甄宝玉像一个励志的老师，讲经世济民大道理。他如此正经八百，以完全世俗的角色出现，和"顽劣""感伤""颓废""虚幻"的贾宝玉如此不同。甄宝玉向贾宝玉开示，劝导他如何改过自新，走向人生正途。

读到这一段，我忽然觉得"真"如此恐怖，常常泫然欲泣，想永远躲在"假"的世界里。如果"真相"如此，我很疑惑究竟要不要跟另一个自己相见。

《红楼梦》的尾声有很多干扰，包勇写得粗糙，何三也早有张爱玲批判过。小人物写得粗糙，很难让人满足，跟前八十回大相径庭。

第一百一十八回，赖尚荣也变成一个唯利是图的小人。他是贾家世袭奴仆出身，祖母赖嬷嬷是老管家，父亲赖大成为重要的大管家，赖尚荣因此从小蒙恩，去除了卖身契，可以读书做官。赖尚荣在小说前八十回，是柳湘莲的好朋友，跟贾宝玉、秦钟也有深交，第一百一十八回为了贾政跟他借银子，露出小人嘴脸，我还是大吃一惊。

前八十回写贾蔷与龄官的爱，写贾芸和小红的爱，都让人怀念，但他们如何一一"面目可憎"了起来？

第一百一十九回宝玉中了乡魁，沐皇恩，连贾珍这样败家的根本，最恶质的人物，也得到皇恩赦免，重新复职袭爵。续书者为了复兴不遗余力。在第一百一十八回、第一百一十九回，冯其庸的"说明"中都有严厉批判，不再赘述。我只是觉得批判可能太过，人人心中都有一本《红楼梦》，结尾应该也可以各自改写。改写，自然就有好有坏。文学上的事，还是云淡风轻的好。

读到最后一回，心里会有一种荒凉沉静。贾政扶贾母灵柩回金陵，不只有贾母灵柩，还尾随着王熙凤、秦可卿、鸳鸯的棺木，贾蓉也另送林黛玉棺木回苏州。一个送葬的队伍，却收到家书，说宝玉、贾兰中了科举，获罪的贾赦也复职了。

贾政在回家路上，悲欣交集，"行到毗陵驿地方，那天乍寒下雪，泊在一个清净去处"。他在船上写家书，写到宝玉，抬头忽见远远雪地里有一个人，光头、赤脚、披着一领大红猩猩毡斗篷。这人在雪地里向贾政倒身下拜，贾政看不清楚，急忙出船。那人拜了四拜，贾政要还揖，发现好像是宝玉，大吃一惊，问道："可是宝玉么？"

宝玉已经被一僧一道夹住，他们催道："俗缘已毕，还不快走。"

这是尾声的好文字，也是好画面。有一天，我们都要倒身下拜，拜一拜俗世缘分，拜一拜俗缘里要告别的人，就可以了无牵挂，就可以走了。

一僧一道，把一块顽石带到人间，"俗缘已毕"，这一块顽石也要回到青埂峰下，嗔爱多事，天荒地老，他其实也只是回到原来的自己。

湖南省版权局著作权合同登记图字：18-2019-301

图书在版编目（CIP）数据

云淡风轻 / 蒋勋著. -- 长沙 ：湖南美术出版社，2020.3（2022.7重印）
    ISBN 978-7-5356-9000-5

    Ⅰ．①云… Ⅱ．①蒋… Ⅲ．①美学—研究—东方国家 Ⅳ．① B83

中国版本图书馆 CIP 数据核字（2019）第 285333 号

上架建议：文化·散文

YUNDAN-FENGQING
云淡风轻

出 版 人：黄 啸
著　　者：蒋 勋
策　　划：熊 英
责任编辑：刘海珍 潘旖妍
版权支持：刘海珍 张雪珂
特约监制：吴文娟
特约编辑：董 卉
文案编辑：吕晓如
营销编辑：秦 声 闵 婕
封面设计：利 锐
内文设计：戴 宇
内文排版：戴 宇 李 洁
出　　版：湖南美术出版社
　　　　　（长沙市东二环一段 622 号）
经　　销：新华书店
印　　刷：北京天宇万达印刷有限公司
开　　本：880mm×1230mm 1/32
字　　数：160 千字
印　　张：6.75
版　　次：2020 年 3 月第 1 版
印　　次：2022 年 7 月第 5 次印刷
书　　号：ISBN 978-7-5356-9000-5
定　　价：56.00 元

若有质量问题，请致电质量监督电话：010-59096394
团购电话：010-59320018